A Teoria da Alteridade Jurídica

Coleção Debates
Dirigida por J. Guinsburg

Equipe de Realização – Edição de Texto: Yuri Cerqueira dos Anjos; Revisão: Luiz Henrique Soares; Produção: Ricardo W. Neves, Sergio Kon, Lia N. Marques, Luiz Henrique Soares e Elen Durando

carlos eduardo
nicolletti camillo

A TEORIA DA ALTERIDADE JURÍDICA

**EM BUSCA DO CONCEITO
DE DIREITO EM EMMANUEL LÉVINAS**

CIP-Brasil. Catalogação na Publicação
Sindicato Nacional dos Editores de Livros, RJ

C19T

Camillo, Carlos Eduardo Nicolletti
Teoria da alteridade jurídica : em busca do conceito de direito em Emmanuel Lévinas / Carlos Eduardo Nicolletti Camillo. - 1. ed. - São Paulo : Perspectiva, 2016.
144 p. ; 21 cm. (Debates ; 339)

Apêndice
Inclui bibliografia

ISBN 978-85-273-1060-4

1. Direito. 2. Lévinas, Emmanuel, 1906-1995. I. Título. II. Série.

16-34057

CDU: 34

22/06/2016 22/06/2016

Direitos reservados à

EDITORA PERSPECTIVA S.A.

Av. Brigadeiro Luís Antônio, 3025
01401-000 São Paulo SP Brasil
Telefax: (11) 3885-8388
www.editoraperspectiva.com.br

2016

Às quatro mulheres da minha vida,
sem as quais nada faria sentido:
Juliana e Catarina, minhas queridas filhas,
Gislene, minha doce e maravilhosa esposa, e
Hebe Inês, minha adorável mãe.

Cada um de nós é, indubitavelmente, culpado
por todos e por tudo na Terra, não só pelo
pecado de todos no mundo, como cada um é,
pessoalmente, culpado por todos e cada um dos
homens nesta Terra.

Márkel, em *Os Irmãos Karamázov*

SUMÁRIO

Prefácio 11

1. A CRISE DA HUMANIDADE NO LIMIAR
   DO SÉCULO XXI 15

   Legados de um Século Sangrento [15]; Impactos da Crise no
   Sistema Jurídico e o Desafio de Sua Releitura Pela Alteridade [19]

2. ESSÊNCIA DO SISTEMA JURÍDICO:
   DA CONCEPÇÃO E DA BUSCA DE SUA
   UNIDADE A PARTIR DE EMIL LASK 23

   Gênese: A Contribuição do Jusnaturalismo Para o Advento da
   Concepção de Sistema Jurídico [23]; Emil Lask: Fragmentos
   de uma Teoria Inacabada do Sistema Jurídico [26]; Kelsen e o
   Fracasso da Norma Hipotética Fundamental Como Veículo de
   Unidade do Sistema Jurídico [31]; Unidade do Sistema Jurídico
   em Lask: Viver Com Valores e Interação Para Com o Outro [35]

3. O PRIMADO DA ÉTICA LEVINASIANA
   DAS RELAÇÕES HUMANAS 37

   Emmanuel Lévinas: Uma Apresentação [37]; *Il y a*: O Fenômeno do Ser Impessoal [42]; O Mesmo e o Outro: A Fórmula da Alteridade Para a Descoberta do Ser [43]; A Ética Como Filosofia Primeira [44]; O Rosto e sua Relação Ética Como Pressuposto de Todas as Relações Humanas [47]; A Responsabilidade Como Estrutura Essencial da Subjetividade [48]; A Ética e Sua Infinitude [48]; Reconhecimento e Hospitalidade [49]; O Amor [50]; Vontade [52]; O Tempo e a Morte [52]; Deus [54]; Exterioridade do Além do Ser e Suas Repercussões nas Relações Humanas [54]; Da Responsabilidade Assimétrica do Eu Pelo Outro [55]; Liberdade, Alteridade e Fraternidade [56]; A Bondade, a Paz e a Justiça [57]; Alteridade e Diferença: O Possível Diálogo da Proximidade Entre Jacques Derrida e Emmanuel Lévinas [57]

4. A ALTERIDADE COMO CRITÉRIO HERMENÊUTICO DA CIÊNCIA JURÍDICA DO SÉCULO XXI 61

A Abertura do Sistema Jurídico Como Ponto de Partida [61]; A Alteridade na Formação de um Sistema Jurídico Aberto [65]; A Interpretação Jurídica e o Desafio do Acolhimento do Outro [67]; Métodos Clássicos de Interpretação do Sistema Jurídico [69]; Da Interpretação Teleológica Para Além-do-Sistema [72]; Alteridade Como Reconstrução do Pensamento Jurídico a Partir do "Outro": Constatação de Interpretação "Autrement" no Direito Brasileiro [74]; Direitos da Criança e do Adolescente [75]; "Jus Postulandi" na Justiça do Trabalho [77]; A Questão das Cotas nas Universidades [79]; Manutenção do Foro Privilegiado à Mulher [80]; Utilização de Células-Tronco Embrionárias Para Fins de Pesquisa e Clonagem Terapêutica [82]; Da Chancela Constitucional da Família Homoafetiva no Direito Brasileiro [83]; Substituição Temporária do Útero: A "Barriga de Aluguel" [84]; Ortotanásia e Testamento Vital [87]; Direito à Identidade de Gênero: O Transexual [91]; A Alteridade Para Além-do-Sistema Jurídico: A Primazia do Outro Como Solução Integradora a Lhe Outorgar Sentido a Partir da Vivência de Valores e da Interação Com o Outro [93]

5. DA CRISE DA HUMANIDADE À JUSTIÇA: UM CAMINHO PELO "OUTRO" 101

Bibliografia 107

Anexos 113

PREFÁCIO

Este trabalho é um mero retrato, no qual a imagem, antes de se tornar protagonista, quer anunciar que a sua identidade somente será reconhecida se for vislumbrada de maneira panorâmica e plural, não confrontada com outros cenários ou objetos, mas complementada pelo *Outro* que lhe dá sentido e um *Rosto*.

A existência humana é marcada por uma infinidade de fatos e acontecimentos, que ora se apresentam como simples fatos do cotidiano, como dormir, acordar, caminhar, ora se mostram marcantes e, acima de tudo, insuperáveis, como a angústia, a luta, o sofrimento, o medo, a morte, a insegurança e a injustiça.

São esses acontecimentos que nos proporcionam, por meio de nossas reflexões, a liberdade de nossas amarras tradicionais, de nosso vulnerável ser, fazendo-nos avançar além-do-ser, transcendentalmente, de maneira infinita.

Nosso ponto de partida é a constatação de que a humanidade experimentou uma de suas piores crises no século XX, cujas atrocidades nos remetem a uma única expressão que poderia sintetizar esse século sangrento e, bem assim, o que poderá ser esperado do século XXI: a desumanização.

O eixo dessa desumanização está no agir do ser humano que se volta única e exclusivamente para si próprio. É o que analisaremos no primeiro capítulo deste trabalho, além de refletirmos sobre os impactos da crise no sistema jurídico que, como reflexo da sociedade, transforma-se, naturalmente, em instrumento de dominação e de afirmação dos valores egoísticos da humanidade.

Daí a necessidade de repensarmos o sistema jurídico a partir de uma releitura que privilegie a alteridade, isto é, para além-do-ser que se mostra egoístico e materialista, para que ele se volte ao *Outro*, de maneira mais solidária e fraterna.

Um sistema jurídico a ser pautado, assim, por um discurso ético que privilegie a responsabilidade pelo *Outro*, assentado na ideia de que o *Eu*, invariavelmente, sempre é responsável por tudo e por todos, mais do que qualquer um e de maneira assimétrica, isto é, sem que o *Outro* também nutra o mesmo aspecto de responsabilidade pelo *Eu*.

No segundo capítulo, discutir-se-á a essência do sistema jurídico, remontando ao seu advento tal como o compreendemos nos dias atuais, para aferir-se quão compatível se mostra com a alteridade, com o que se sustentará afirmativamente, a partir da genial concepção de Emil Lask, de quem captamos a vivência em valores e a necessária interação com o *Outro* para que seja chancelada a sua validade.

No terceiro capítulo, destacaremos o pensamento de Emmanuel Lévinas, sintetizado pelo primado de seu discurso ético em meio às relações humanas. É aqui o lugar adequado para uma breve apresentação de um dos maiores pensadores do século XX e para uma introdução a parte de suas categorias filosóficas: *Il y a* ("Há"); o *Mesmo*; o *Outro*; a Ética como filosofia primeira; o *Rosto;* a responsabilidade; a infinitude; o reconhecimento; a hospitalidade; o amor; a vontade; o tempo; a morte; a liberdade; a alteridade; a fraternidade; a bondade; a paz; Deus e justiça.

No quarto capítulo, encaminha-se para o diálogo entre a integração com o *Outro* e com o discurso ético levinasiano, conduzido pela alteridade a partir da hermenêutica *autrement*, como solução integradora a lhe outorgar sentido, a partir da vivência de valores. Nesse diálogo – talvez o mais complexo – impõe-se um novo pensar ao operador e ao intérprete do sistema normativo, que se conduzirão pela realidade do *Outro*, na mesma e justa proporcionalidade que ousadamente Lévinas fizera com a *ontologia* do Ser.

Não se busca, aqui, atalhos que nos guiem à justiça alternativa. Não é essa a temática tratada neste trabalho. O que realmente nos motivou a refletir sobre o sistema jurídico foi a perplexidade que a obra de Emmanuel Lévinas nos causou, tornando-nos uma indefesa presa de sua leitura: a tentativa de superação de todas as limitações egoísticas e individualistas do ser humano, para se atingir um ser humano verdadeiramente mais fraterno, mais solidário e, enfim, mais justo.

Emmanuel Lévinas coloca o *Outro* como protagonista do seu discurso filosófico. Diante do *Rosto* do *Outro*, o sujeito se descobre responsável e lhe vem a perspectiva do *Infinito*. A alteridade é uma verdade fundante do pensamento levinasiano – conceito fundamental aqui – e é formada pela distinção de algo que se caracteriza como não sendo o "meu *Eu*" –, por aquilo que se localiza além do *ego* do particular.

A pretensão de nossas investigações, portanto, cinge-se à complexa e árdua tarefa de encontrar uma solução integradora, cuja abordagem se apoiará sobre a relação do *Ser* com o *Outro*, cujo contato primeiro dá origem ao *sujeito ético*, culminando, posteriormente, sobre a interpretação *autrement* de normas jurídicas que trazem em seu núcleo as relações entre os indivíduos.

A metodologia adotada privilegiou, num primeiro momento, a leitura de obras de filósofos e jurisfilósofos, recorrendo-se à literatura estrangeira. Dentre as obras de Lévinas, primou-se pela leitura e diálogo com as obras eminentemente filosóficas, inclusive com filósofos contemporâneos, com ênfase em Derrida.

Portanto, o diálogo regrado na discussão e na multiplicidade de opiniões compõem a dinâmica desta obra, objetivando a *re-construção* de um sistema jurídico aberto inspirado no discurso ético levinasiano, que não proteja apenas o *Eu*, mas que privilegie o *Outro*.

A fenomenologia busca verdades. Mas este estudo é apenas um retrato, conforme dissemos inicialmente. Nenhum retrato representa, com fidelidade, a realidade. Há apenas uma imagem, que se mostra estática e parada no mundo.

É a imaginação e o pensar humanos que tornam tudo isso diferente, mais ou menos real. Já se disse que é o pensar que nos faz começar a ser humanos[1].

Talvez esteja na hora de, com ousadia, atualizar o movimento desse pensamento: é o pensar no *Outro* que nos faz ser mais humanos, mais solidários, mais fraternos e mais justos.

Quando falamos em movimento, logo pensamos em direção. Neste trabalho, rumamos para além-do-sistema, ao *Infinito* – aqui por nós concebido como a Justiça.

É exatamente esse movimento, que será objeto de nossas investigações nas próximas páginas, para além-do--sistema jurídico, tentando superar suas deficiências, e buscando um sentido que lhe dê validade: o *Outro*, o genuíno titular de todos os direitos e que poderia, neste contexto, ser revelado como a própria *humanidade*[2].

---

1. K. Jaspers, *Iniciação Filosófica*, p. 114.

2. Por ocasião do início de nossos estudos, deu-se a nomeação do papa Francisco. Significativa foi a justificativa para a utilização do pseudônimo *Francisco* por Jorge Mario Bergoglio, que não poderíamos nos furtar em destacá-la. Mais que uma homenagem a são Francisco de Assis, sua escolha, inspirada nas palavras do amigo cardeal emérito de São Paulo, dom Cláudio Hummes, *tem sua vertente na alteridade*: a prioridade do pontificado estará voltada aos pobres – e não à Igreja e aos seus membros (B. Franco, F. Maisonnave e F. Seligman, Cardeal Brasileiro Inspirou Novo Papa a Escolher Nome de Francisco, *Folha de S. Paulo*, 16 mar. 2013, disponível em: <http://www1.folha.uol.com.br>).

A CRISE DA HUMANIDADE
NO LIMIAR DO SÉCULO XXI

Legados de um Século Sangrento

É crível que o século XX, ao mesmo tempo em que se notabilizou pela mais intensa evolução social, cultural e tecnológica da humanidade, flertou com a morte, a destruição, a dor e o sofrimento, atravessando duas grandes guerras e inúmeros outros conflitos, a tal ponto de ser identificado na Europa e mesmo na Ásia como o "século sangrento".

Eric Hobsbawn (1917-2012), a esse respeito, divide a história do século XX em três eras distintas: "era da catástrofe", "era dos anos dourados" e "o desmoronamento". A primeira delas, explica o historiador, foi marcada pelas duas grandes guerras, a revolução russa – a qual foi por ele identificada como a "filha da guerra do século XX" –, a crise econômica de 1929, o surgimento do fascismo e o descrédito de democracias liberais. A segunda era, por seu turno, foi caracterizada pela

15

congelada paz experimentada nos "anos dourados" (décadas de 1950 e 1960), sem perder de vista o nascedouro da guerra fria e a estabilização do capitalismo, as transformações sociais e culturais. A terceira era, por sua vez, se deu a partir de 1970, marcada, segundo o historiador, pela queda dos sistemas institucionais que preveniam a barbárie contemporânea para ceder lugar a um futuro incerto, acentuadamente pontuado pela irresponsabilidade teórica da ortodoxia econômica[1].

O século XX assistiu ao apogeu econômico, militar e político dos Estados Unidos, bem como o relevante crescimento econômico, ao menos a partir dos anos 1950, nas Américas do Sul e Central, África e Ásia. Muitas invenções povoaram essa época: as linhas de montagem e de produção em massa das mais diversificadas máquinas, especialmente os automóveis, a invenção de aeronaves mais pesadas que o ar, os avanços na medicina e as descobertas terapêuticas para um sem número de enfermidades, o propício ambiente para o rádio, a televisão e o cinema.

Também fizeram parte do século XX a invenção do computador e sua personalização, com os prazeres do mundo digital e virtual e, ainda, as redes sociais, além de tantos outros atributos e contribuições individuais e coletivas que melhoraram a vida de milhares de pessoas.

No século XX também testemunhamos um fenômeno revolucionário concernente ao lugar da mulher ocidental, deixando de lado o papel que lhe fora reservado até o século XIX de mera coadjuvante na entidade familiar, para conquistar, além do direito ao voto, o direito à disputa por um mercado digno de trabalho.

A própria textura familiar se viu transformada no século XX, de maneira que a maioria dos sistemas jurídicos ocidentais também outorga análogo regime jurídico para outras formas de entidades familiares além da trivial via do matrimônio, como as que chamamos união estável ou família monoparental.

---

1. E. Hobsbawn, *Era dos Extremos*, p. 31s.

Mas nada disso pode apagar uma triste memória. Como será conhecido o século xx daqui a cinco ou seis gerações: como aquele que viabilizou e consolidou a banda larga para a internet? Que descobriu a estrutura molecular do DNA[2] e, a partir disso, as alegadas melhorias genéticas de um insumo da natureza ou alguns sucessos na clonagem terapêutica para salvar vidas humanas? Ou como o século em que testemunhamos, além de duas grandes guerras, o Holocausto e o genocídio de milhares de vidas em nome de determinadas escolhas ou fundamentos ditos religiosos? Ou teriam sido tudo baseado em aspirações políticas?

Apurou-se a distância da Terra em relação a diversos outros corpos solares e até mesmo foram descobertas fórmulas matemáticas que regulam o funcionamento do Universo, mas não se ousou precisar o valor de uma vida ou a importância do afeto nas relações humanas.

Para termos uma ideia, embora de difícil precisão, é certo que o número de vidas perdidas nas duas grandes guerras, na revolução russa e no regime stalinista superam a surpreendente marca de 100 milhões de pessoas[3].

O Holocausto foi responsável pela morte de aproximadamente seis milhões de judeus e de outros cinco milhões de não judeus, isto é, minorias étnicas, homossexuais, deficientes e outros[4].

Ao lado disso, destacamos alguns outros eventos episódicos, como o 11 de Setembro que, nem de longe representou a mesma quantidade de carnificina das guerras mundiais. Nele, foram atestadas 2.823 mortes. Todavia, o episódio trouxe dois elementos inéditos, que atribuíram ares epidêmicos dada a globalização experimentada nos

---

2. O ácido desoxirribonucleico é o componente mais elementar da bagagem genética que um indivíduo recebe dos seus genitores, conservado por toda a vida e presente em todas as células do organismo.

3. M. White, *Source List and Detailed Death Tools for the Primary Megadeaths of the Twentieth Century*, disponível em: <http://necrometrics.com>.

4. S. Shada, *Dates and Deaths of the Holocaust,* disponível em: <http://library.thinkquest.org/3300/Dates.html>.

dias atuais: a insegurança qualificada pelo temor de que um ataque terrorista poderia acontecer em qualquer lugar – até mesmo no quintal da maior potência mundial – e a quantidade de inocentes civis americanos mortos, bem como daqueles atingidos pela reação dos EUA[5].

E nem de longe o atributo corrente da cordialidade do brasileiro o colocou para fora desse eixo crítico e antagônico da humanidade. Costuma-se identificar a era Vargas como aquela dedicada à consolidação de uma série de direitos sociais e trabalhistas, mas quantos Gracilianos e Olgas nos custaram tais conquistas?

No início dos anos 1970, milhares de jovens que se rebelaram com a inexistência de um estado democrático de direito tiveram suas vidas findas, sob a gélida motivação da contenção da ordem, das instituições e da segurança pública. Mais surpreendente ainda – e talvez a maior comprovação de que o direito brasileiro, enquanto fenômeno humano, também passa por crise –, é o fato de não enfrentarmos uma livre revisão da Lei da Anistia[6].

E onde quer que haja crise, é preciso refletir sobre as formas pelas quais ela pode – e deve – ser superada, sendo certo que o ponto de partida desse desafio reside na constatação de um ponto sempre comum: a concepção individualista da sociedade, da qual o homem provém naturalmente ou historicamente faz parte, assentada na convicção de que o indivíduo possui *seu* valor intrínseco e o Estado existe para *esse indivíduo*[7].

---

5. T. Lumley; T. Templeton, 9/11 in Numbers. *The Observer*, 18 ago. 2002, disponível em: <http://www.guardian.co.uk>. Interessante notar que o diário *The Guardian*, na mesma reportagem, indica o número de civis afegãos que morreram até aquela data, em decorrência da reação norte-americana: foram 3.620 pessoas.

6. Lei nº 6.683, de 28 ago.1979.

7. N. Bobbio, *O Tempo da Memória*, p. 161.

Impactos da Crise no Sistema Jurídico
e o Desafio de sua Releitura pela Alteridade

É surpreendente que a própria Constituição Federal preveja a imprescritibilidade do direito de ação para reparar danos ao erário público, na forma do seu Art. 37, § 5[8], mas nada preveja, nesse mesmo sentido, para a hipótese da reparação de danos à pessoa humana. E o que dizer do histórico massacre do Carandiru, em que uma rebelião na Casa de Detenção de São Paulo resultou na invasão de tropas da Polícia Militar, contabilizando 111 mortos[9]? Teriam a vida ou a liberdade algum valor nessa atmosfera em que se respira o ódio e se alega, como seu aliado, a rubrica de um fundamentalismo incontestável, religioso ou não? E que reações poderíamos assimilar para a ciência jurídica desse irregular e sangrento século?

Ao lado dessa perspectiva de terror, é possível captar, como nos ensina Ulrich Beck, que vivemos hoje uma era de ruptura dentro da própria contemporaneidade, como resultado da aliança entre o capitalismo e o desenvolvimento tecnológico, assumindo a feição de uma verdadeira "sociedade de risco"[10].

A virgindade posta em leilão virtual também não deixa de evidenciar o âmago da crise da humanidade. A história da catarinense que leiloou sua virgindade pelo lance vencedor de US$ 780 mil dólares, o que equivale a cerca de R$ 1,5 milhões de reais chocou o país, sobretudo, porque ela não fora a primeira a tomar essa iniciativa[11].

E o que dizer da conduta de um universitário paulista que, malgrado atropelar um ciclista em plena avenida

8. "A lei estabelecerá os prazos de prescrição para ilícitos praticados por qualquer agente, servidor ou não, que causem prejuízos ao erário, ressalvadas as respectivas ações de ressarcimento".

9. C.E. Entini, Carandiru: A Profecia Que se Concretizou, *O Estado de S. Paulo*, 28 set. 2012, disponível em: <http://acervo.estadao.com.br/noticias/acervo,carandiru-a-profecia-que-se-concretizou-,7175,0.htm>.

10. *La Sociedad del Riesgo*, p.20.

11. N. Cancian, Leilão de Virgindade de Brasileira Termina com Lance de R$ 1,5 Mi., *Folha de São Paulo*, 26 set. 2012, disponível em: <http://www1.folha.uol.com.br>.

Paulista, opta por evadir-se de acolher a vítima que teve o braço decepado e dar-lhe o necessário e pronto socorro, culminando com o requinte de atirar em um córrego o que sobrou do braço do ciclista[12]?

Esse cenário revela que somos protagonistas de uma desumanização desenfreada e que parece mais fácil assimilá-la a optar pela recuperação da possibilidade de humanidade[13].

Nessa linha, fosse possível sintetizar um perfil único do ser humano, como deveria ele ser apresentado, "bom por natureza", como insistia Rousseau ou "mau por natureza", como preconizava Hobbes? Fazemos coro ao pensamento de Zygmunt Bauman, para quem a resposta não seria nenhuma das duas, pois o melhor perfil é aquele que revela o ser humano como um ente essencialmente *moral*, o que o distinguiria de qualquer outro modo de ser e estar no mundo[14].

E ser *moral*, não significa "ser bom", como adverte Bauman, mas ter aprendido sobre o bem e o mal e, pois, compreendido que coisas e atos podem ser bons ou maus, o que exigirá do ser humano uma decisiva escolha, que se desencadeará na construção de um produto social para a manutenção da humanidade: a ética[15].

Os acontecimentos históricos que marcaram o século xx e que se traduzem, apropriadamente, como acervo hereditário para a humanidade no limiar desse século têm um signo em comum: a aparente incapacidade e ineficiência do sistema jurídico de maneira a decidir satisfatoriamente as questões humanas e, principalmente, proteger de maneira

---

12. T. Baltazar; F. Souza, Motorista que Atropelou Ciclista na Av. Paulista Teria Jogado o Braço em Rio, *Folha de São Paulo*, 10 mar. 2013, disponível em: <http://www1.folha.uol.com.br>.

13. Nas palavras de Zygmunt Bauman, "A questão é que os seres humanos não precisam ser desumanos, ainda que vivam em circunstâncias sociais e históricas e inconsequente. Sempre é possível escolher ser humano, sempre é possível escolher ser moral. Nessa escolha está nossa dignidade humana" (*Bauman Sobre Bauman*, p. 21).

14. Ibidem, p. 54.

15. Ibidem, p. 55.

irrestrita os valores mais triviais como a vida ou a liberdade. Ao debruçar sobre a crise da filosofia do direito na atualidade, Castanheira Neves se depara com três problemas capitais: (i) o *porquê do direito*, isto é, aferir com que sentido universal emergiu o direito na realidade humana, para se chegar à certeza de que o direito é apenas uma *resposta possível*; (ii) o *para que do direito*, de maneira a buscar qual o escopo pelo qual o direito se tem concretizado e sua função legitimadora e (iii) o *quê do direito*, ou seja, especular qual o fundamento material, que o seu sentido exige constitutivamente, a sustentar a sua concreta normatividade[16].

Para Castanheira Neves, a filosofia do direito passa, inevitavelmente, por uma crise e a sua reabilitação ocorrerá se o homem pensar em si mesmo. Dessa maneira, a filosofia do direito concorreria para o pensar do homem, na sua humanidade[17].

Essa perspectiva parece incompleta e o seu repertório não é inédito, porque se propõe a refletir sobre a pessoa. De certa forma, esse antropocentrismo é ínsito do pensar humano, o que nos parece explícito em alguns dos pré-socráticos e, com maior intensidade, a partir de Sócrates.

A crise da humanidade é, certamente, uma crise que afeta a filosofia do direito. A superação dessa crise talvez corresponda ao maior desafio para os filósofos e operadores contemporâneos do direito, porque exigirá um movimento radical e transformador para a compreensão do fenômeno jurídico pela via da alteridade, de maneira a repensar o sistema jurídico da mesma maneira como devemos conhecer e acolher a própria pessoa humana: pelo *Outro*.

16. A.C. Neves, A Crise Actual da Filosofia do Direito no Contexto da Crise Global da Filosofia, *Stvdia Ivridica*, n 72, p. 145-146.
17. Ibidem, p. 147.

ESSÊNCIA DO SISTEMA JURÍDICO: DA CONCEPÇÃO E DA BUSCA DE SUA UNIDADE A PARTIR DE EMIL LASK

Gênese: A Contribuição do Jusnaturalismo Para o Advento da Concepção de Sistema Jurídico

As normas jurídicas não existem de maneira isolada, por mais específico que seja o alvo de sua abrangência. Há um contexto maior, mais denso e bem mais complexo enfeixando o conjunto de várias normas jurídicas, que guardam entre si um determinado referencial de especificidade.

A esse conjunto ou agrupamento de normas, emanadas de autoridades competentes e vigorantes num determinado Estado, dá-se o nome de ordenamento jurídico. Diferente se mostra, no entanto, a noção de sistema jurídico, que pressupõe a criteriosa análise e estudo do jurista que não se limita à indicação de normas que compõem o ordenamento jurídico mas, decisivamente, impõe-lhe um agir consistente na descrição de enunciados, conceitos e princípios lógicos, interpretação e aplicação do direito.

O sistema jurídico é, assim, fruto da atividade intelectual e cultural do jurista, atividade que está sujeita a uma série de fenômenos e adversidades sociais. Embora de origem grega, que expressa a noção de reunião, grupo[1], a palavra *sistema* somente adquirirá os atributos de totalidade e articulação na Europa dos séculos XVII e XVIII.

Assim, um dos maiores legados da segunda geração dos pensadores jusnaturalistas foi a contribuição para o desenvolvimento de uma noção sistêmica do direito. Isso porque, enquanto a primeira geração dos pensadores jusnaturalistas (Althussius e Grócio) ainda se manteve fundamentalmente dependente das tradições escolástica e teológica[2], a segunda geração (Hobbes, Espinosa, Pufendorf, Wolff) foi além. Coube a ela elaborar as bases metodológicas de um sistema jusnaturalista autônomo e combater a dependência metodológica da ética social em relação à teologia moral, seja por influência de Descartes e de Galileu, seja pela ousadia da utilização racional e matemática para a tentativa de criar um sistema jusnaturalista geral.

Dentre esses, deve-se a Christian Wolff (1679-1754) a idealização e o desenvolvimento das bases para a construção sistêmica do direito, nos moldes em que praticamente o concebemos nos dias atuais. Além da inédita metodologia por ele empregada então, consistente na dedução lógica a partir de princípios superiores e conceitos gerais, Wolff

---

1. R. Galvão, *Vocabulário Etimológico, Ortográfico e Prosódico das Palavras Portuguesas Derivadas da Língua Grega*, p. 555.

2. Althussius desenvolve o seu sistema com base na escolástica de Pierre de la Ramée, ao passo que Grocio articula os seus princípios por meio da invocação das autoridades teológicas, as quais possuíam caráter modelar para a ética de sua geração. Cf. F. Wieacker, *História do Direito Privado Moderno*, p. 303-304.

enxergava uma proximidade muito grande entre o direito positivado e o direito natural[3].

Em sua "teoria dos deveres", Wolff concebe o direito natural como a teoria moral das boas e más ações, mediante a exposição de uma dedução exaustiva dos princípios de direito natural. Ele parte de axiomas superiores aos mínimos detalhes, exclui os elementos indutivos ou impressionistas[4] e define o direito como a faculdade de cumprir o próprio dever: "o direito permite, a moral ordena; o primeiro é *lex permissiva*, a segunda *lex praeceptiva*"[5].

A abordagem de Wolff propõe que o sistema não pode ser absorvido ou mesmo compreendido como um mero agregado de um esquema ordenado de princípios, virtudes ou verdades. É mais que isso.

O sistema, para Wolff, tem como lastro fundante o *nexus veritatum*[6], pressupondo a adequação, a correção, a estreiteza e a perfeição formal da lógica dedutiva, na certeza de que ele não se basta em relação à teoria dos deveres, precisando atender, de maneira cabal e exauriente, todos os princípios superiores e regras lógicas de dedução. A influência de Wolff se fez sentir nas próximas gerações de juristas, sobretudo como o legítimo criador da *jurisprudência dos conceitos* que dominou toda a pandectística do século XIX de Gustav Puchta a Windscheid, passando, ainda, por Andreas Von Thur[7].

---

3. Como nos ensina Tercio Sampaio Ferraz Junior, o termo *sistema*, a partir de Wolff, é tomado com características marcantes, que até hoje o configuram (*Conceito de Sistema no Direito*, p. 11).

4. F. Wieacker, op. cit., p. 361-362.

5. G. del Vecchio, *Lições de Filosofia do Direito*, p. 143.

6. Ele utilizará o termo *nexus* com o conceito de *organismo*, que pressupõe o cotejo lógico da correção e a perfeição formal da dedução como ingredientes elementares. Cf. T.S. Ferraz Junior, op. cit., p. 11.

7. F. Wieacker, op. cit., p. 363.

Emil Lask: Fragmentos de uma
Teoria Inacabada do Sistema Jurídico

O idealismo transcendental de Kant e a sua rejeição da dualidade *pensamento-coisa/consciência-mundo real* e, pois, a rejeição de toda a metafísica, conduziu o *kantismo* às mais diversas e variadas posições filosóficas, dando origem, especialmente, aos movimentos neokantianos de Baden e Marburgo[8].

Se Kant nos proporciona a antítese fundamental entre *natureza* e *espírito*, entre ética e *ciência*, a Escola de Marburgo (Cohen e Natorp) objetiva logicizar a ética e, contrariamente à tradição aristotélica, pensar, a todo transe, sem imagens[9].

O neokantismo de Baden, a partir de Wilhelm Windelband, foi muito além de Kant, na medida em que concebeu, ao lado das ciências matemático-naturais, o método das *ciências históricas*, submetendo-as à reflexão crítica kantiana de maneira a fomentar a fundamentação para uma peculiar concepção do mundo e da vida, constituindo-se, assim, o verdadeiro objeto da filosofia. Mas isto, frise-se, sem perder de vista a fidelidade à reflexão crítica e ao idealismo kantiano[10].

Heinrich Rickert, em sua obra *Os Limites da Construção Científico-Natural de Conceitos*, dá continuidade às investigações de Windelband para construir, com apoio nas bases epistemológicas e metodológicas das *ciências da história* e das *ciências da cultura*, conceitos gerais que permitam reconhecer as leis de validade geral que mantém conexão com a natureza[11].

O grande mérito da Escola de Baden, além da manutenção do mesmo idealismo crítico de Kant, consiste, portanto, na construção dos conceitos a partir de uma apurada

---

8. L.C. de Moncada, Prefácio, em G. Radbruch, *Filosofia do Direito*, p. 14.

9. M. Reale, *Fundamentos do Direito*, p. 173.

10. Conferência de Windelband intitulada Geschichte und Naturwissenschaft, de 1894, publicada em *Präludien*, 1907. L.C. de Moncada, op. cit., p. 17. K. Larenz, *Metodologia da Ciência do Direito*, p. 126.

11. K. Larenz, op. cit., p. 126.

e rigorosa distinção entre *realidade* e *valor*, entre *ser* e *dever ser*, entre *natureza* e *cultura*.

Encontramos em Windelband a noção precisa de que o *mundo do ser* não se confunde com o *mundo do dever ser*: enquanto o *mundo do ser* diz respeito ao *dado*, à natureza, abrange os fatos e a realidade, o *mundo do dever ser* é um pressuposto da *experiência*, abarca o conhecimento, a ação moral e o sentimento estético. É ainda em Wildelband que encontraremos a ideia de que os valores não são criados pela filosofia, cujo papel, entretanto, é o de revelá-los por meio da *cultura*.

Rickert reestrutura essas ideias, transcendendo-as como genial kantiano que foi, reelaborando, assim, os conceitos gerais para superar a antítese do *ser* e *dever ser* por meio das nações de *valor* e de *cultura*, outorgando à sua filosofia um sentido mais histórico e não menos dinâmico[12]. Natureza e história não são termos sinônimos. A natureza irradia uma realidade que se faz presente a partir das leis da causalidade física, ao passo que a história deriva de uma realidade que *deve ser* a partir de ideais, valores. Como nos ensina Reale, a *realidade da natureza* em Rickert consiste no "mundo da necessidade"; sendo que a *realidade histórica* concerne ao "mundo da liberdade"[13].

Assim, para Rickert, a cultura, em sua noção mais ampla, consiste de tudo o que ganha sentido e significado para as pessoas, que reconhecem esses significados como tais[14], posto que é na história que encontraremos os valores autônomos, imediatos, enfim humanos, na medida em que a história da humanidade se põe como centro de toda a importância no cenário universal.

As ciências que estudam os valores humanos são as chamadas ciências culturais (*Kulturwissenschaften*), valores esses que devem ser apreendidos como os *valores normativos universais da sociedade*. Para Rickert, esses valores

12. M. Reale, op. cit., p. 176.
13. Ibidem.
14. K. Larenz, op. cit., p. 130.

se regem de maneira transcendental, já que independem da realidade[15].

Rickert nos conduz à percepção de dois mundos próximos, mas ao mesmo tempo isolados entre si: a *consciência*, cega aos problemas da realidade, e a *realidade empírica e concreta*, entregue à elaboração das categorias objetivadoras do pensamento causal, de maneira que somente a *cultura*, um terceiro mundo, poderia intercalar os dois primeiros.

Afinal, a cultura é a perfeita conexão entre uma natureza inerte, cega e uma realidade desprovida de valores. A cultura é a expressão humana mais genuína que acaba por *humanizar* a gélida natureza[16].

Dentro dessa perspectiva, a concepção do mundo e da vida, segundo a Filosofia dos Valores não se funda, tão somente, no nosso conhecimento por meio de uma visão do geral, mas é a partir da *história da cultura* que nos será permitido interagir na vida dos valores culturais, como algo extra e intertemporal e universalmente reconhecido como tal. A Filosofia dos Valores propiciará enxergar a realidade a partir do peculiar ponto de vista da sua referência aos valores e à cultura.

A Escola de Baden impulsionou várias teorias jusfilosóficas[17], mas será a personalidade de Emil Lask (1875-1915) que dará uma contribuição original à Filosofia dos Valores,

---

15. Miguel Reale nos explica com precisão essa peculiar natureza dos valores em Rickert: "O valor de uma estátua independe do material de que se serve o artista; o valor já é pressuposto pelo ato de valorar, de sorte que é antes uma condição do que um resultado de apreciações subjetivas; o valor independe até mesmo do 'dever ser', pois não se entenderia o sentido de um ato sem prévia relação do sujeito a um valor." (M. Reale, op. cit., p. 177).

16. Ibidem, p.178.

17. Como observa Reale, "a influência de Windelband e de Rickert se estende a toda a Axiologia, a toda a Teoria Geral dos Valores. Atendendo ao especial objetivo destes ensaios, podemos dizer que a filosofia do direito de nossos dias encontrou no estudo rickertiano dos problemas do *valor* e da *cultura* um dos elementos mais preciosos de seu renascimento, embora as especulações nessa matéria, devido aos estudos de Max Scheler ou de Nicolai Hartman, tenham já alcançado um sentido mais profundo e universal" (Idem, p. 180).

valendo-se de uma tendência fenomenológica que o levou a enxergar os valores como essências objetivas – *Wesenschau*[18].

Não encontraremos em Lask, entretanto, contornos claros e definitivos para a fundação de um *sistema de direito*, tendo ele falecido prematuramente em 1915, na Primeira Grande Guerra, o que lhe impediu de consolidar as suas investigações. Ele nos deixou, contudo, uma preciosa monografia jurídica: *Rechtsphilosophie* (Filosofia Jurídica), datada de 1905[19]. E talvez aí resida o seu maior legado. As suas construções e buscas restam inacabadas, sendo possível afirmar, com Martínez Paz, que Lask teria lançado as sementes para uma pródiga e fecunda geração[20].

A perspectiva de Lask é de compreensão integral do direito, a partir da premissa de que o fenômeno jurídico é mais que um simples dado, encerrando uma verdadeira e complexa estrutura: *ser, valer e viver*.

De um lado de suas investigações, Lask concluiu que a norma jurídica é uma forma (ser) que tem validade (valer), sendo que dentre as várias formas que compõem o conjunto de regras há um ingrediente que as diferencia, isto é, o seu material. Trata-se, aqui, de um "valer" referido ao "reconhecimento a ele devido por parte de um comportamento pessoal"[21].

---

18. Tercio Sampaio Ferraz Junior assim nos introduz Lask: "pensador neokantiano da Escola de Baden, cuja obra representa um meio caminho entre o jusnaturalismo e o positivismo, entre a Escola Histórica e a fenomenologia, entre as diversas formas de empirismo jurídico e o culturalismo nascente." (Concepção de Sistema Jurídico no Pensamento de Emil Lask, *Revista Brasileira de Filosofia*, v. xxvi, p. 308).

19. Lask ainda nos deixou outros títulos: *O Idealismo de Fichte e a História* (*Fichtes Idealismus und die Geschichte*); *A Lógica da Filosofia e a Teoria das Categorias* (*Die Logik der Philosophie und die Kategorienlehre*) e *A Teoria do Juízo* (*Die Lehre vom Urteil*).

20. E.M. Paz, Prólogo, em E. Lask, *Filosofía Jurídica*, p. 16. T.S. Ferraz Junior assevera, ainda, que a obra de Lask, além de influenciar o seu mestre Rickert, foi objeto de especulações de Lukács, Mannheim, Heidegger e Max Webber. Cf. Concepção de Sistema Jurídico no Pensamento de Emil Lask, op. cit., p. 308.

21. T.S. Ferraz Junior, Concepção de Sistema Jurídico no Pensamento de Emil Lask, op. cit., p. 311.

Em uma palavra, a norma é um "valer-para" dentro da esfera do comportamento humano, sucedendo-se tanto na esfera jurídica como na moral. O que atribui a valoração dessa norma segundo Lask é exatamente o fundamento de seu valor: "a vontade da comunidade", mas não se exaure, definitivamente, a complexidade do fenômeno jurídico. Isto porque é perceptível a estruturação de uma outra categoria, uma "norma-viver" que traça um comportamento humano, uma relação estrutural e de conduta à outra pessoa. Há uma inter-relação com outra pessoa num mundo circundante e surpreendentemente abstrato.

Segundo o pensamento de Lask, a noção de sistema exsurge como um ente plural e assimétrico. Num primeiro momento, no chamado sistema normativo (estrutura do "valer-para"), há um comportamento concreto enfeixado em complexa estruturação da norma, daí Tercio Sampaio Ferraz Junior se ver obrigado a falar em encadeamento de "significações normativas"[22].

De outro lado, compreende Lask que o sistema jurídico não se resume e nem se confunde com o normativo, sendo possível a constituição de diferentes esferas significativas, podendo-se afirmar que o sistema jurídico pertence ao jurista e também abrange o da ciência do direito, o sistema da teoria social do direito, a antropologia jurídica, a hermenêutica jurídica[23].

O sistema de Lask obriga o operador do direito à análise ligada à abrangente totalidade jurídica, revestido de duas partes consistentes num *repertório* (constituído por elementos jurídicos a serem estudados pela ciência do direito) e numa *estrutura* (composta por regras lógicas que possibilitam analisar de forma sistemática e metodológica os referidos elementos).

Para compreender o sistema, adverte Lask, não basta conhecer as normas jurídicas e suas estruturas normativas

22. Ibidem, p. 312.
23. Ibidem.

30

(obra construída pelo jurista), mas é imprescindível um elemento conceitual não teórico, um "viver" fora dos muros da ciência do direito, o reconhecimento de uma vivência externa, um fator subjacente.

Assim, o jurista pode conceituar o que vem a ser família para fins legais, mas é a comunidade, que a experimenta e a vivencia, que chancelará e lhe dará os contornos definitivos, de maneira que a norma é a ordenação positiva da vontade da comunidade, mas carece de reconhecimento pela comunidade, cuidando-se do mundo circundante.

Kelsen e o Fracasso da Norma Hipotética Fundamental Como Veículo de Unidade do Sistema Jurídico

A totalidade de um sistema complexo não basta para o jurista. O pensar sobre o seu núcleo o remete a outras três intrigantes questões:

i. É meramente aleatória a conjunção para formar o ordenamento ou existe alguma ordem interna que a compõe?

ii. O conjunto dos elementos que compõem a ordem (repertório do sistema) é limitado ou ilimitado?

iii. O conjunto das regras que relacionam os elementos entre si (estrutura do sistema) é estável ou instável?

Hans Kelsen (1881-1973) propõe uma solução sintetizadora, embasada no sistema dinâmico de sua Teoria Pura, segundo o qual, há uma relação de hierarquia e subordinação entre as várias normas que compõem o sistema, de maneira que a relação entre elas é lastreada pela diretriz segundo a qual toda norma vale em razão de outra que lhe é superior num dado ordenamento.

Frise-se que, para Kelsen, a ciência do direito deve ser distinguida da filosofia jurídica, da sociologia e das demais ciências que têm por escopo o conhecimento de objetos reais, porque a *teoria pura* deseja conhecer o direito como ele é; as primeiras ciências são explicativas, ao passo que a ciência do direito é, por excelência, uma ciência eminentemente normativa[24].

A primeira crítica a ser realizada é que, diferentemente do que o título *dinâmico* pressupõe, Kelsen se refere, em verdade, à teoria jurídica estática, de maneira que a sua análise recai sobre uma norma pronta e acabada[25].

Por meio dessa teoria escalonada do ordenamento, parte-se da premissa de que as normas de um ordenamento não se encontram num mesmo plano de eficácia, estando presentes, portanto, tanto normas superiores como inferiores, sendo que as últimas dependem das primeiras. Partindo-se das normas inferiores àquelas que se encontram mais acima, chega-se a uma norma suprema, que não dependeria de nenhuma outra norma superior, e sobre a qual repousaria a unidade de um complexo ordenamento[26].

A essa norma suprema, Kelsen denominou de *norma fundamental* e pontificou que a sua função elementar é dar unidade às demais normas que compõem o sistema e, pois, fundamentar a validade objetiva de uma ordem jurídica positiva, das normas postas, que foram estabelecidas por um ato de vontade e que prescrevem determinadas condutas[27].

---

24. *Teoria Pura do Direito*, v. 1, p. 136s e v. 2. Frise-se que Kelsen não formalizou o direito, tampouco pretendeu "purificar" o direito (do contrário se trataria de *Teoria do Direito Puro*). O seu alvo era a ciência do direito, de maneira que pretendeu, nesse diapasão, "purificar" a ciência do direito, delimitando os elementos que a ciência poderia estudar, dizendo que a ciência do direito deve estudar apenas os elementos normativos do direito, os demais elementos, deverão ser conhecidos e estudados por outras ciências, como a sociologia jurídica, a antropologia jurídica e assim por diante.

25. O sistema estático se opõe ao sistema dinâmico. Enquanto o primeiro concebe o conjunto normativo como um dado, não se indagando, da emissão de normas, sua revogação e a emissão de novas normas, o segundo capta as normas dentro de um processo de contínua transformação, como nos ensina Tercio Sampaio Ferraz Junior na *Introdução ao Estudo do Direito*, p. 133 e 178.

26. N. Bobbio, *Teoria do Ordenamento Jurídico*, p. 49.

27. Ibidem, p. 19.

A essa altura, é possível compreender que o sistema de Kelsen, embora de repertório ilimitado, dada a infinidade de normas que pode abranger um determinado ordenamento, detém uma ordem interna estável e fechada à entrada de qualquer elemento estranho que não se submeta à regra geral de subordinação e hierarquia, o que fomentaria um dos principais atributos do ordenamento a lhe outorgar unidade e corpo.

À primeira vista, tem-se que a sistematização proposta por Kelsen parece ser perfeita e total, sendo certo que tudo se resolveria dentro e com as próprias ferramentas do sistema, sem qualquer intervenção ou elemento não normativo. Intrigante, em verdade, é a natureza da norma fundamental idealizada por Kelsen. Diz-se que, apropriadamente, tratar-se-ia de uma *norma hipotética fundamental*, porque exige do jurista uma construção de um sistema "hipotético" para se chegar à sua aferição.

Afinal, não se trataria de uma norma positiva como as demais que fazem parte do dado ordenamento, mas uma *hipótese* elementar como apelo à validez do ordenamento jurídico num dado momento histórico e cultural.

Mais precisamente, deverá o jurista se valer de um método hipotético dedutivo para pressupor a norma hipotética fundamental, eis que se cuida de um pressuposto gnosiológico, um precedente lógico do conhecimento, uma condição lógico-transcendental posta pelo jurista para tornar possível a afirmação do direito como um sistema de normas válidas[28].

Em uma palavra, pode-se concluir que a norma hipotética fundamental, transcendental, é metajurídica, porque não se trataria de uma norma emanada da autoridade competente, mas, fundamentalmente, é *norma pressuposta no pensamento jurídico* que daria o alicerce necessário à manutenção de sua unidade sistêmica. E se fosse aceita a concepção de uma norma fundamental, qual seria o núcleo dessa

---

28. M.H. Diniz, *Compêndio de Introdução à Ciência do Direito*, p. 129.

norma? Não faltariam tentativas para justificar que a norma fundamental se confundiria com o poder constituinte originário, ou que representaria o conjunto de todos os valores consagrados na via jusnaturalista.

Mas a resposta ainda tende a ser insatisfatória, porque o que se busca, em verdade, não é um atributo ou característica primordial da norma fundamental hipotética, mas a compreensão de seu menor núcleo estrutural. Em outras palavras, fosse possível decompor a norma fundamental, qual o resultado encontrado pelo operador do direito? Valores, fatos, normas, princípios?

Não se trata, aqui, de especular a origem do fenômeno jurídico propriamente dito, mas é importante aferir qual o possível *nous* que outorga unidade a um sistema jurídico[29]. Seria ele composto da norma fundamental?

O problema maior, no entanto, é que a concepção original kelseneana, conforme adverte Willis Santiago Guerra Filho, está assentada numa norma hipotética que, a bem da verdade, é "requisito do pensamento" e "meramente pensada", não resultando de nenhum ato de vontade que a positive[30].

Destarte, pontifica Willis, a conhecida norma fundamental não se configura como uma autêntica norma jurídica, não se permitindo assumir a responsabilidade pela validação jurídica de toda a cadeia de normas a ela subordinadas[31].

Com efeito, mostrando-se inviável perseguir a essência e o núcleo estrutural de uma norma que *verdadeiramente não é sequer uma norma*, o caminho pode não estar apenas *dentro-do-sistema*, mas *além-do-sistema*.

---

29. Anaxágoras de Clazómenas (500 a. C. – 428 a. C.), afirmava que o universo se constitui pela ação do *nous*, conceito que é traduzido por *espírito*, que atua sobre uma mistura inicial que está presente em cada uma das coisas existentes no mundo. Assim, o *nous* se revela de maneira ilimitada, autônomo e não misturado com nada mais, age sobre todas as coisas, ordenando-as e lhes dando sentido e orientação. Cf. G.S. Kirk et al. (orgs.), *Os Filósofos Pré-Socráticos*, p. 382-383.

30. W.S. Guerra Filho, *Processo Constitucional e Direitos Fundamentais*, p. 58.

31. Ibidem.

Unidade do Sistema Jurídico em Lask:
Viver com Valores e Interação com o Outro

Nossa escolha da concepção sistêmica de Emil Lask não foi acidental. No sistema de Lask não se vislumbra hierarquia, nem regras de escalamento ou calibração. Mas salta aos olhos a existência de regras autorizadoras da vontade – que estabelecem a validade de uma norma a partir de uma comunidade jurídica, que pode ser formada pelos poderes legislativo, executivo ou judiciário – e de depreender-se dela várias dimensões e assimetria, dado que há várias vontades da comunidade jurídica.

O mais relevante parece ser a necessária interação com o *Outro*, num viver em valores, com atitudes inter-relacionadas com a *Outra pessoa* perante as normas, sem o que não se poderia falar na validade das normas que não foram reconhecidas pela comunidade.

A realidade jurídica possui, portanto, uma estrutura dualística. A ciência do direito é obrigada a estudar os dois elementos: a norma jurídica (fator formal) e a significação jurídica (fator material, isto é, o "viver"). Da conjugação das significações, a ciência do direito construirá um resultado: o sistema plural e assimétrico de Lask. Ou seja, o sistema decorre da emissão de ato do conhecimento do jurista, que emite enunciados lógicos. É uma lógica dialética, em função do elemento *valor*. A sua dinamicidade, outro consistente atributo, é fruto do cotejo dos valores vivenciados num determinado tempo histórico, acentuando-se, finalmente, uma reluzente e definidora função em seu sistema, que consiste na *sistematização da norma, a qual será eminentemente vivenciada e terá depurada sua finalidade e alcance.*

É possível vislumbrar que a teoria sistêmica de Lask, naturalmente inacabada, dado o prematuro falecimento de seu genial idealizador, está aberta para dialogar com o discurso ético de Emmanuel Lévinas, especialmente porque o sentido de seu sistema jurídico está condicionado para *além-do-sistema*, numa vivência de valores cuja construção só é possível se houver interação com o *Outro*.

O PRIMADO DA ÉTICA LEVINASIANA
DAS RELAÇÕES HUMANAS

Emmanuel Lévinas: Uma Apresentação

Emmanuel Lévinas nasceu em 12 de janeiro de 1906[1], em Kaunas, a segunda maior cidade da Lituânia, então território pertencente à Rússia. Faleceu em Paris, em 25 de dezembro de 1995. Foi criado em uma família judia, pertencente à burguesia. Era filho primogênito de Jehiel Lévinas (Levyne), proprietário de uma livraria, e Débora Gurvic. Tinha, ainda, dois irmãos: Boris e Aminadab.

Tanto a situação socioeconômica de sua família como, fundamentalmente, os estudos bíblicos no judaísmo desde os seis anos, foram elementos preciosos na formação do pensamento de Lévinas. Por ocasião da Primeira Grande

---

1. F. Poirié, *Emmanuel Lévinas: Ensaio e Entrevistas*, p. 154.

Guerra, mais precisamente em 1915, quando sua cidade natal foi tomada pelos alemães, Lévinas e sua família se viram obrigados a emigrar para outras localidades, percorrendo uma série de territórios russos, sobretudo a atual Ucrânia. A turbulência do sangrento século testemunhado por Lévinas não parou por aí. Em sua adolescência, vivenciou a Revolução Russa de 1917[2].

Somente em 1920 é que a família Lévinas voltaria para a Lituânia, que havia declarado sua independência, em 1918. Lévinas concluiu, assim, o Ensino Médio. Três anos mais tarde, em 1923, ele se mudou para a França, para estudar na Universidade de Estrasburgo, onde teria como mestres Blondel, Halbwachs, Pardines e Carteron[3].

Foi a ocasião oportuna para conhecer e se aproximar do pensamento dos grandes filósofos: Platão, Aristóteles, Descartes, Kant e Bergson, propiciando-lhe dialogar com toda a sorte de noções filosóficas contemporâneas, e conhecer Maurice Blanchot, por quem sempre nutriu profícua amizade e admiração[4].

Em 1927, finalizou os seus estudos universitários e teve, então, um primeiro contato com a obra *As Investigações Lógicas*, de Husserl, que influenciaria sobremaneira a vida do filósofo[5].

Após viver mais de cinco anos na França, Lévinas se naturalizou. Um ano mais tarde, traduziu para o idioma francês a obra *Méditations cartésiennes: Introduction à la phénoménologie*, de Husserl, a qual é conhecida como o marco inicial da fenomenologia francesa, transformando-se num grande clássico.

Lévinas tornou-se presa da fenomenologia husserliana a ponto de decidir mudar-se para Friburgo em 1928, apenas para se matricular como aluno de seu "maestro alemão", Husserl. Em verdade, Lévinas ficou maravilhado

2. J. Urabayen, *Las Raíces del Humanismo de Levinas*, p. 31.
3. F. Poirié, op. cit., p. 59.
4. Ibidem.
5. M.L. Costa. *Lévinas: Uma Introdução* p. 36.

com a possibilidade metodológica da fenomenologia e, de maneira humilde, durante toda a sua vida, nunca se reconheceu um fecundo fenomenólogo, optando por afirmar que era apenas discípulo de Husserl[6].

Lévinas também se encantou com o mais brilhante aluno de Husserl, Martin Heidegger, no ano de 1929, ocasião em que Lévinas teve o privilégio de presenciar o seu encontro com Cassirer, em Davos[7].

Mas o fascínio, que acabou por influenciar a obra e o pensamento levinasiano, não foi para sempre. A adesão de Heidegger ao regime nazista tornou-se insuportável para Lévinas, resultando no natural rompimento, conforme vemos numa passagem do seu artigo "Heidegger e Ontologia", de 1932: "Uma pessoa pode perdoar muitos alemães, mas há muitos alemães que são difíceis de perdoar. É difícil perdoar Heidegger"[8].

Lévinas foi prisioneiro de guerra e levado para a Alemanha, onde foi declarado judeu e compelido a permanecer no campo de prisioneiros. Foi a época em que constatou que os cães dos soldados alemães eram mais privilegiados que os judeus aprisionados, considerados, a seu ver, como subumanos[9]. Por outro lado, Lévinas nunca olvidou da importância da influência do judaísmo para a formação de seu pensamento filosófico e da leitura da Bíblia como atividade racional que buscava identificar a realidade em oposição às interpretações e metodologias mais ortodoxas. A partir daí, chegou ao ponto de defender uma interpretação racionalista do *Talmud*, por meio do qual abria, assim, a tradição religiosa do judaísmo às questões da razão[10].

Lévinas, além de introduzir a fenomenologia na França, construiu as bases para a reação à crise da humanidade que

6. F. Poirié, op. cit., p. 62.

7. Ibidem, p. 66.

8. S. Critchley, Emmanuel Levinas: A Disparate Inventory, em S. Critchley; R. Bernasconi (orgs.), *The Cambridge Companion to Levinas*, p. XVIII.

9. F. Poirié, op. cit., p. 74. S. Critchley, op. cit., p. XIX.

10. J. Urabayen, op. cit., p. 23.

ele testemunhou no século xx, convolando-se num sentido peculiar da filosofia contemporânea, mais precisamente a ética da alteridade. Para Lévinas, há sempre um movimento que se volta em direção do *Outro*. Daí falar-se em *alteridade*, a qual concebe o *Outro* para além da capacidade de apreensão e representação e com quem podemos nos relacionar apenas *eticamente*. O pensamento de Lévinas repousa na conhecida máxima da ética como *filosofia primeira*, isto é, como referência fundamental do pensamento e da relação com a realidade em todas as suas formas. Para se chegar a essa categoria peculiar levinasiana, é preciso esmiuçar suas experiências pré-filosóficas, as quais são de três ordens: literária, cultural e histórica. Na adolescência, Lévinas mergulhou nos grandes clássicos da literatura russa: Tolstói, Gógol, Púschkin, mas atribui-se às obras de Dostoiévski, sobretudo *Os Irmãos Karamázov*, o questionamento metafísico decisivo para a sua iniciação filosófica. A leitura dos textos bíblicos iniciada na infância despertou a curiosidade espiritual e a crença num Deus supremo que o guiaria a experiências infinitas em todas as suas especulações, bem como a educação no ambiente judeu lhe deu a dimensão cultural e espiritual necessária para a reformulação das relações intersubjetivas, moldando o conceito eterno do *amor ao próximo* para forjá-lo em *amor ao outro*[11].

O fator histórico é composto por uma série de fatos vividos por Lévinas que lhe impingiram muita dor e sofrimento, decorrência das grandes guerras e o do genocídio dos judeus pelos nazistas, levando o pensador a questionar o valor de uma vida humana[12]. Lévinas sofreu pesadas e injustas críticas e foi identificado, por vezes, como um *mero pensador judeu* ou mesmo como *um pensador continental*. Ora, Lévinas não escreveu apenas para judeus, pois o cerne de sua investigação filosófica sempre repousou na pessoa humana.

---

11. Ibidem, p. 12
12. Ibidem, p. 53.

Jamais procurou ele a fusão entre a teologia e a filosofia e seus estilos sugerem, em verdade, a coexistência de dois pensadores distintos: um Lévinas filósofo e um Lévinas estudioso judeu[13].

Tampouco pode ser tido como um pensador continental, já que suas obras são traduzidas para além da França e para todos os demais continentes. Eis seus principais trabalhos[14]: *Théorie de l'intuition dans la phénoménologie de Husserl* (Teoria da Intuição na Fenomenologia de Husserl, 1930); *De l'évasion: Recherches philosophiques* (Sobre a Evasão: Pesquisas Filosóficas, 1935-1936); *Le Temps et l'Autre* (O Tempo e o Outro, 1947); *De l'existence à l'existant* (Da Existência ao Existente, 1947); *En découvrant l'existence avec Husserl et Heidegger* (Descobrindo a Existência com Husserl e Heidegger, 1949); *Totalité et infini: Essai sur l'extériorité* (Totalidade e Infinito: Ensaio Sobre a Exterioridade, 1961); *Difficile liberté: Essais sur le judaisme* (Liberdade Difícil: Ensaios Sobre o Judaísmo, 1963); *Quatre lectures talmudiques* (Quatro Leituras Talmúdicas, 1968); *Humanisme de l'autre homme* (Humanismo do Outro Homem, 1972); *Autrement qu'être ou au-delà de l'essence* (Outramente que o Ser ou Além da Essência, 1974); *Noms propres* (Nomes Próprios, 1976); *Sur Mauriche Blanchot* (Sobre Mauriche Blanchot, 1976); *Du sacré au saint* (Do Sagrado ao Santo, 1977); *L'Au-delà du verset: Lectures et discours talmudiques* (Além do Verso: Leituras e Discursos Talmúdicos, 1982); *De Dieu qui vient à l'idée* (De Deus que Vem à Ideia, 1982); *Éthique et infini* (Ética e Infinito, 1982); *Transcendance et intelligibilité* (Transcendência e Inteligibilidade, 1984); *Hors sujet* (Fora de Contexto, 1987); *À l'heure des nations* (Um Tempo das Nações, 1988); *Entre nous: Essais sur le penser-à-l'autre* (Entre Nós: Ensaios Sobre o Pensar do Outro, 1991); *Dieu, la mort et le temps* (Deus, a Morte e o Tempo, 1993), *Les Imprévus de l'histoire* (Os Imprevistos da História, 1994) e *Nouvelles lectures talmudiques* (Novas Interpretações Talmúdicas, 1995).

---

13. C. Chalier, *Lévinas: A Utopia do Humano*, p. 27.
14. F. Poirié, op. cit., p. 157.

Ele se convolou como intérprete necessário de um século marcado por toda a sorte de fatores e horrores que contribuíram por decretar a crise da humanidade. A sua obra, mais que um movimento, oferece uma reação racional à crise, consistente num agir responsável para além-do-Ser com o *Outro*, inaugurando a ética da alteridade.

Ao longo de cinquenta anos de reflexões filosóficas, Lévinas construiu as mais diversas categorias filosóficas, que contêm os conceitos-chave de seu pensamento[15].

As categorias que serão analisadas neste estudo não esgotam o discurso levinasiano, mas delineiam, apropriadamente, as especulações traçadas aqui.

Il y a: O Fenômeno do Ser Impessoal

Em sua obra *De l'existence à l'existant*, escrita por ocasião de seu cativeiro, durante a Segunda Grande Guerra, Lévinas introduz uma de suas mais famosas categorias: *il y a* ("há").

Não se trata de um acontecimento do ser, nem traduz a ideia de alegria do que existe, mas simplesmente irradia a noção meramente impessoal do que é: "chove", "faz frio", "é noite", "as crianças dormem", "as cigarras estridulam".

Não há pobreza, nem abundância. Não há alegria, nem tristeza. Nem é o nada nem é, certamente, o ser: Lévinas, ao compor a fórmula do *il y a*, quer expressar a condição humana, dentro da *perspectiva impessoal do haver*. *Il y a* para ele é a descrição de uma experiência aterrorizante para o ser, como se o nada estivesse pleno ou como se o silêncio fosse um barulho, pois precede e está além do ser, simplesmente, *há*.

Nessa linha, a hipóstase dos existentes, aqui compreendida como a passagem de um estado do verbo ao estado de coisa, assume importância decisiva para o ser "sair" do *il y a*, desde que o ser não se limite a *se por*, mas a *se depor*, isto

---

15. R.T. de Souza, Lévinas, em R. Pecoraro (org.), *Os Filósofos*, p. 136.

é, a fazer um ato de deposição, tal qual ocorre com os *reis depostos*, o que sempre implica no advento de uma relação social *des-inter-essada* com Outrem. Em uma palavra, a experiência do *il y a* é aterrorizante para o ser pois ela é anônima e despida de qualquer sentido, não resistindo a um movimento do ser em relação ao *Outro* ("ser-para-o--outro"), realizando-o e, enfim, dando sentido e contornos verdadeiros de significação ao ser.

O Mesmo e o Outro:
A Fórmula da Alteridade Para a Descoberta do Ser

Egoísta, absoluto, imediatista, materialista: era exatamente assim que Lévinas enxergava o homem contemporâneo e, assim, absolutamente incapaz de superar a subjetividade do *ser em si mesmo*. Todos esses atributos poderiam ser condensados em um único signo: o individualismo que propicia, inevitavelmente, a ruptura consigo próprio e, por conseguinte, com os valores mais importantes e até mesmo com Deus. A proposta de Lévinas parece radical, mas não é complexa: o homem contemporâneo somente conseguirá superar a *totalidade do ser em si mesmo* se tiver a grandeza de se abrir à exterioridade, movimentando-se, depondo-se em relação ao *Outro*, rumo ao infinito. Mas não se trata de uma relação do *Eu* que enxergue o *Outro* como *Eu*, já que isso não concerne ao *Outro* – mas ao *Mesmo*[16].

Também não se trata de uma relação singular do *Eu* com um *Outro* apenas, mas deve-se compreender uma relação plural, entre diversos seres humanos[17]. O *Eu* deve estar aberto para o *Outro,* ainda que este se apresente igual, desigual, ele merece ser aceito e respeitado como simplesmente se mostra, sem indiferença, repulsa, exclusão, descaso,

16. E. Lévinas, *Totalidade e Infinito*, p. 25.
17. Idem, *Ética e Infinito*, p. 73.

piedade, dó, ou qualquer outro sentimento que possa personificá-lo por suas particularidades.

O *Eu* e o *Outro* não se revelam *os Mesmos*. A partir do momento em que o *Eu* transcender as suas limitações materialistas e individualistas e movimentar-se fundado na alteridade, ele não somente terá alcançado efetivamente o *Outro*, mas, sobretudo, compreenderá e enxergará no *Outro* a si próprio.

A Ética Como Filosofia Primeira

A fenomenologia estuda os fenômenos por um viés particular, aborda o seu aparecimento mediante uma *consciência intencional*, isto é, uma *consciência de alguma coisa* que, de tão fundamental, irradia a importância e a relevância do Ser a tal ponto de confirmar a ontologia como o primado nas investigações filosóficas, como ocorre em Heidegger.

Mas é exatamente aí que se dá a inversão filosófica, para não falar em escândalo.

Ousadamente, Lévinas se pôs na contramão do movimento filosófico até então especulado, acreditando que a ontologia não poderia ocupar o espaço da *filosofia primeira*, pois, para ele, somente a ética poderia fazê-lo. Ora, essa alteração não é uma tentativa de supressão da ontologia, mas deve ser assimilada como uma solução integradora, que aborda as relações que transcendem a figura do *Eu* e privilegia uma ampliação de foco para alcançar todas as relações em si e, ao assim fazer, privilegiar a posição do *Outro*[18].

Ao mudar o paradigma do *Ser Mesmo* e de sua caracterização para a ética, a especulação filosófica não encontra mais as limitações e as precariedades de um sujeito isoladamente, mas alcança proporções ilimitadas, porque o cerne da investigação é o *Outro*: pensa-se, portanto, a relação do

18. L.L.P. de Carvalho, A Extensão da Ética Como Filosofia Primeira Para Emmanuel Lévinas, *Revista Humanidades em Diálogo*, v. III, n. 1, p. 134.

Eu com o exterior, com o Outrem (absolutamente *Outro*), de maneira que a alteridade só é possível a partir de mim. Para Lévinas, a ontologia tem natureza reducionista, já que reduz o *Outro* ao *Mesmo*, revelando-se, pois, como uma filosofia do poder e da dominação, já que nunca coloca esse *Eu central* em questão. É exatamente essa a contribuição que a filosofia, no pensamento levinasiano, deve dar como uma reação à crise da humanidade – e que, ao mesmo tempo, se revela um escândalo ao pensamento ocidental.

Ora, para compreendermos porque Lévinas intitula a ontologia como filosofia do poder e da dominação, basta lembrar, por exemplo, o grande debate que se iniciou no Brasil em 2008, por ocasião do julgamento da ADI 3.510, da relatoria do ministro Ayres Brito, perante o STF.

O objeto desse julgamento trazia como tema central a constitucionalidade do Art. 5º da Lei 11.105/2005, que permite a utilização de células-tronco embrionárias de embriões humanos produzidos por fertilização "in vitro" e não utilizados no procedimento.

Nesse caso, a utilização das células-tronco embrionárias fomentaria a clonagem para fins terapêuticos, com a finalidade de produzir uma cópia saudável do tecido ou do órgão de uma pessoa portadora de determinada enfermidade. Ora, as células tronco-embrionárias são células "chaves", pois encerram a multifuncionalidade para permitir a utilização em diferentes tipos de células, já que se convolam em qualquer outra célula ou tecido. Assim, podem ser usadas com o escopo de restaurar a função de um órgão ou tecido, transplantando novas células para substituir aquelas perdidas em razão da doença ou que não funcionem adequadamente.

O embate relativo à ADI em questão dividia duas categorias diametralmente opostas: a ala conservadora, protagonizada especialmente pela Igreja Católica e a liberal, identificada pelos profissionais da área médica.

O discurso era técnico e, embora tenha ocorrido a histórica oportunidade de audiências públicas, que argumento poderiam trazer as esperançosas vítimas de enfermidades cuja única alternativa de tratamento seria a tentativa da clonagem terapêutica?

Pela ontologia, afigura-se estreita a via técnica da discussão: ou se acolhe a alegação de que há violação da vida humana embrionária, chancelando-se definitivamente a teoria da concepção (sem perder de vista que nunca houve nenhuma preocupação legislativa quanto à destinação dos embriões descartados) ou, por outro lado, abre-se a perspectiva para dizer que o surgir da vida, tal como a morte encefálica, exigiria um mínimo de atividade neurológica.

Não há, aqui, nenhum exagero em desconsiderarmos, pela ontologia, a discussão do *Outro*, porque somente pela alteridade seria possível compreender que a esperança dos enfermos (leia-se a esperança do *Outro*) deveria ser privilegiada.

Conforme vemos, pela ontologia há uma relação conflituosa de dominação e assimilação, isto é, um sujeito objetiva o *Outro* por meio do exercício de sua liberdade[19]. Tal não ocorre ao se vislumbrar a via ética, pois os limites de cada sujeito deveriam ser respeitados, a distância entre ambos nunca é suprimida e, dessa forma, não se atinge uma totalização.

Com isso, a ética não é uma formulação feita em um debate posterior a esse encontro, como é uma positivação jurídica, por exemplo. Ela é imediata ao contato, formando o campo do *entre-nós*, o campo dos sujeitos éticos, onde reside propriamente a humanidade de cada um e que abre a dimensão do divino.

Aberto o infinito na distância entre o *Eu* e o *Outro*, há a possibilidade de refletirmos o que é exterior ao pensamento do *Eu*, situação que surge frente ao absolutamente *Outro*, ao desconhecido. Decorre dessa reflexão, a ideia do acolhimento hospitaleiro desse *estrangeiro* que é o *Outro*, mediante a superação do pensamento individual e usualmente egoístico.

19. Ibidem, p.136.

O Rosto e Sua Relação Ética Como Pressuposto de Todas as Relações Humanas

Para Lévinas, o olhar surge como instrumentalização da percepção e do sentido, de maneira que o *Outro*, ao ser por mim percebido, se faz presente como um *Rosto*[20].

Como se vê, não se trata, aqui, de uma fenomenologia do Rosto, porquanto implicaria descrever o que se vê como se aparece: nariz, olhos, lábios, testa, queixo[21].

Para Lévinas o *Rosto* é uma metáfora, que encerra uma relação para além do Ser. O *Rosto* é significação – e não significado – que exige respeito, acolhimento e responsabilidade do Ser pelo *Eu*. Esse *Rosto* não é singular, mas plural na sua mais perfeita tradução. Não possui conteúdo, nem jamais se transformará em conteúdo. Mas tem função condutora, porque é por ele que transcendemos o Ser e alcançamos o *além*[22].

A relação que se estabelece com o *Rosto* é necessariamente ética, fundada num discurso assentado na palavra de ordem *tu não matarás*, que não cria, por si só, a impossibilidade fática do homicídio, mas torna real a humanidade do homem.

Depreende-se que o *Rosto* exerce uma função peculiar na obra levinasiana, na medida em que ele convoca o *Eu* ao movimento da responsabilidade ética para com o *Outro*, viabilizando a alteridade ética do Ser em direção ao infinito. E assim é que o *Eu*, naturalmente *finito*, por meio da condução e do discurso ético do *Rosto*, deixa de ser um sujeito egoísta, materialista e individualista ao perceber e acolher o *Outro*, essencialmente *infinito*, numa rara expressão da humanidade do homem[23].

---

20. E. Lévinas, *Ética e Infinito*, p. 69.
21. Ibidem, p. 69.
22. Ibidem, p. 71.
23. Ibidem, p. 74.

A Responsabilidade Como Estrutura
Essencial da Subjetividade

Tradicionalmente, a conhecida noção de responsabilidade repousa na subjetividade. Em princípio, alguém somente é responsável por seus próprios atos ou omissões.

A responsabilidade concebida por Lévinas, no entanto, tem sua incidência ampliada, para também abarcar, além dos atos ou omissões pessoais, o *Outro*. Isto é, a responsabilidade pelo *Outro*, por aquilo que *Eu* não fiz ou não me diz respeito[24].

Trata-se de responsabilidade estruturada a partir da proximidade para com o *Outro* e de natureza assimétrica, isto é, sem que haja efetiva e verdadeira reciprocidade do *Outro* para comigo[25].

Com efeito, *responsabilidade pelo Outro* implica em responsabilidade por si mesmo enquanto negação da neutralidade, como uma ação que vai além-do-ser, naturalmente pré-originária, e que se posta em torno da questão do humanismo[26].

Em uma palavra, sou responsável por Outrem, sem que possa exigir a mesma contraprestação do *Outro* para comigo, na mesma intensidade ou na mesma reciprocidade. O *Eu*, a partir do movimento que faz em direção ao *Outro* é mais responsável que todos os *Outros*. Daí se falar em responsabilidade total, que assume todas as culpas, erros, falhas, ações e omissões dos *Outros* e por tudo o mais que for dos *Outros*, ainda que se trate da sua responsabilidade para com Outrem.

A Ética e Sua Infinitude

O pensamento filosófico de Lévinas tem como lastro a relação com o *Outro*, de maneira que inexiste uma relação

24. Ibidem, p. 80.
25. Ibidem, p. 82.
26. R.T. de Souza, op. cit., p. 172.

do *Eu consigo mesmo*. Complexas, as relações humanas se desenvolvem e se aperfeiçoam, sempre, de maneira plural.

A ética da alteridade levinasiana tem por alento a relação com o *Outro,* o que, por se apresentar diferente do *Eu*, faz com que o *Eu* tenha algum significado humano.

A perspectiva que se abre dessa relação é peculiar. O *Eu*, ao acolher o *Outro*, tem a possibilidade de se tornar plural, abandonando, no plano de sua *totalidade,* o manto do egoísmo e do egocentrismo. Nesse viés é possível compreender a impotência do *Eu*: é exatamente o *Outro* que lhe dará corpo e dimensão ao ser acolhido. O *Outro* inaugura a perspectiva do desejo rumo ao infinito. O *Outro* traduz, apropriadamente, o *infinito*, como signo da transcendência do desejo do Ser.

Ao assim se movimentar para com o *Outro*, o *Eu* poderá enxergar no *Outro* a si próprio, mas também poderá acolher um desigual, um diferente, e *infinitamente*, a ordem do bem, alcançando a Deus[27].

Reconhecimento e Hospitalidade

A apresentação do *Rosto* principia uma relação entre o *Eu* e o Ser.

A primeira tarefa que se impõe, como uma resposta – e não uma mera reação – é decifrar o enigma do *Rosto*, que se mostra imbuído de uma carência essencial. Para decifrá-lo, é preciso *reconhecê-lo*, mas isso somente será possível se o *Eu* sair de sua habitual aura da finitude, marcada pelo egoísmo primário do Ser, para se humanizar na hospitalidade e no acolhimento do *Outro*.

A hospitalidade não é uma palavra de efeito neste discurso. É termo que impõe sentido e direção ao reconhecimento, pois jamais se atingirá o reconhecimento se o *Outro*, por sua igualdade ou desigualdade, não for assim acolhido por completo, na morada do *Eu*, a um espaço que não se

---

27. N.V. de Melo, *A Ética da Alteridade em Emmanuel Lévinas*, p. 120.

conduz por palavras de generosidade, cortesia, mas por gestos inconfundíveis que fazem ecoar ao *Outro* uma plena e acolhedora vivência.

É preciso compreender, aqui, a proposta subversiva que move o pensamento levinasiano: o reconhecimento não acontece dentro do *Eu* ou de *Nós*, mas somente a partir do *Outro*, a partir de um perfeito despojamento de si próprio aos apelos do *Rosto*.

O reconhecimento configura, portanto, além de uma dimensão ética, um conhecer que transcende os limites da insuficiente e ordinária atividade cognitiva. O reconhecimento convola o conhecimento direcionado à exterioridade, produzindo, enfim, uma proximidade com a realidade, com as desigualdades e tornando possível o *reconhecer-se* a partir do *Outro*[28].

O Amor

O amor pressupõe uma relação do *Eu* que visa *Outrem*, que se convola em necessidade, que pressupõe uma exterioridade do Ser para o *Outro*, depondo-se por completo e transcendente do *Outro*, do amado. O amor repousa na fraqueza do *Eu* para com o *Outro*, não como um signo da inferioridade a qualquer dos atributos do *Outro*, mas como discurso da alteridade que principia elevar o amado ou a amada, pois amar, em primeiro lugar, é temer por *Outrem*[29].

O *Eu* e o *Outro* se completam, porque o amor tem a essência da alteridade em seu DNA. A relação erótica não poderia pateticamente ser reduzida a uma fusão, pois sempre haverá a perspectiva do *Outro*. Daí afirmarmos que se

28. "O sujeito levinasiano é invertido, necessita de Outrem para se entender como sujeito. O Eu não é uma totalidade em si mesmo, ele é um ser sem mundo, um existente sem tempo e sem repouso no conceito. A relação ética é o ponto de partida e de chegada da reflexão levinasiana. Pensar *autrement* é uma tarefa exigente e complicada. Exige o abandono do Mesmo na condição de condutor da racionalidade." (N.V. de Melo, op. cit., p. 18.)

29. E. Lévinas, *Totalidade e Infinito*, p. 254.

trataria de um atributo de alteridade do *Eu* no *Outro*[30]. A carícia revela a impessoalidade do Ser, sem procurar necessariamente outro Ser. Desconhecida, ambienta-se no meio da infantilidade e da animalidade, para desaguar no reino da volúpia. A volúpia é, ao mesmo tempo, profanação e revelação do escondido. Ao descobri-la, há significativa violação de segredos mais tenros e generosos que a alteridade possibilita na relação do amor[31]. Não se alcança a volúpia se não se tratar de relação que, simultaneamente, proporcione a alteridade do *Eu* para além do Ser em direção ao *Outro*. Uma relação neutra, malgrado plural, não fomenta transcendência e jamais poderia ser confundida com uma relação de amor[32].

Ao lado do amor, Lévinas aponta para outra relação que autenticamente se dá para fora do ser: a filialidade, à qual consensualmente poderíamos denominar de afeto. Diferentemente do amado ou da amada, cuja figura do *Outrem* faz parte do imprevisível, a relação estabelecida a partir da filialidade é previsível, isto é, não se trata de alguém eminentemente desconhecido ou frequentemente indesejado[33].

Há nela uma transcendência peculiar, que não é marcada pelo *eros* ou pela volúpia, mas atinge os níveis de transcendência do *Eu* para com o *Outro* prioritariamente, pela fecundidade e a partir das possibilidades dos filhos, ao vislumbrar nestes, aqui exteriorizados pela ideia do *Outro* e, pois, do *infinito*, a continuidade do próprio *Eu*, de maneira a vencer todas as dificuldades e a viver todas as vicissitudes que não foram passíveis ou possíveis de serem experimentadas pelo próprio *Eu*. Essa transcendência é marcada, pois, pela perspectiva de constatação das futuras possibilidades do *Outro* (filhos) como as suas próprias possibilidades (*Eu*), além, portanto, do próprio Ser, numa constituição da dimensão do tempo[34].

30. Idem, *Ética e Infinito*, p. 53.
31. Idem, *Totalidade e Infinito*, p. 256.
32. Ibidem, p. 264.
33. Idem, *Ética e Infinito*, p. 55.
34. Ibidem, p. 57.

Mas isso não é exclusividade da filialidade biológica, sendo perfeitamente possível estendê-la para os laços da afetividade instaurada pela adoção ou mesmo pela afinidade, entre madrastas e enteados ou padrastos e enteados, contanto que a conduta do *Eu,* neste particular, transcenda para além do Ser, reconhecendo o *Outro,* dentro da hospitalidade e do acolhimento, como filho[35].

Vontade

O *Rosto,* ao trazer a figura do *Outro,* faz eclodir um discurso ético para com o *Eu,* assentado na responsabilidade para com o *Outro,* de reconhecê-lo e acolhê-lo com sua hospitalidade.

A vontade, principiologicamente, não se confunde com a razão e é livre, pois, para assumir qualquer sentido que o *Eu* quiser, ela não possuirá essa mesma liberdade na hipótese do *Rosto* ter-lhe apresentado o primeiro significado do *Outro.* Destarte, a vontade assumirá a essência de uma verdadeira razão, não podendo ignorar a perspectiva trazida a partir do acolhimento do *Rosto.* Não lhe é possível, portanto, repudiar a responsabilidade para com o *Outro,* já que o discurso ético, ao transformar-se na passagem que se abriu pelo acolhimento do *Rosto,* não apenas entrou, mas se mantém presente, para com o *Outro,* infinitamente.

O Tempo e a Morte

Para Lévinas, o tempo em si e não apenas o seu conceito, é resultado do relacionamento *face a face.* A maneira pela qual vivenciamos o mundo de objetos e eventos forja a nossa sensação de tempo, de maneira que seria possível identificar três modalidades: sincronia, diacronia e anacronismo[36].

35. Ibidem, p. 56.
36. B.C. Hutchens, *Compreender Lévinas,* p. 98.

Pela sincronia, o *Eu* se impõe sobre o tempo, constatando o presente, lembrando o passado e, até mesmo, predizendo o futuro.

A oposição de Lévinas para com a sincronia se dá pela *diacronia* com o *Rosto* de *Outrem* que se apresenta por um passado e um futuro, que o *Eu* nunca viveu, tampouco consegue predizer.

Por fim, o *anacronismo*, marcado pelo passado, presente e futuro de todos os Outros, estejam eles vivos ou não, presentes ou não, que o *Eu* não consegue captar nem compartilhar. Não podemos compreender o tempo como a limitação do Ser, mas a sua relação com o infinito, e a morte não é aniquilação, mas é necessária para que essa relação se operacionalize[37].

Assim, a morte encerra a ideia da cessação da vida, mas não, necessariamente, de cessação do Ser. Lévinas tem a firme convicção de que a morte, atendendo às tradições da filosofia e da religião, equivaleria a uma passagem, ou ao *nada* ou a uma *outra existência*, mas representando, de qualquer forma, um desaparecimento ou partida nesta vida.

O sentido da morte, no entanto, é o seu caráter que faz o *Eu* transcender além do Ser, na medida em que é algo que se encontra além das forças do Ser, escapando de seu alcance, sendo impossível impedi-la, nem mesmo dela fugir ou se esquivar.

Todo esse cenário faz da morte um verdadeiro enigma para o Ser. Além de angustiante, por não termos respostas – mas só perguntas –, a morte dissipa os poderes do *Eu*, revelando-lhe a sua fraqueza e humanidade enquanto Ser, sobretudo porque não morremos a própria morte, somente se morre primeiro a morte do *Outro*.

É morrendo primeiro a morte do *Outro* que o *Eu* re-conhece-se mortal. Ao assim constatar sua mortalidade, um sentimento angustiante tomará conta da alma, mas isso somente se verificará *a posteriori*, pois apenas depois de

---

37. E. Lévinas, *Deus, a Morte e o Tempo*, p. 45.

morrer a morte do *Outro* é que vem à tona a mortalidade do Ser[38].

Deus

A significação de Deus irradia no *Rosto* do *Outro*, passagem para o Infinito, dentro de uma necessária relação ética que se estabelece com o *Eu* para além do Ser.

E não poderia ser diferente para o discurso levinasiano, que tem como fonte a ética e o acolhimento do apelo do *Rosto* e no qual à resposta dada pelo *Eu* não se limita a palavras, alcançando uma conduta de acolhimento do *Outro*, na latitude ou na longitude de suas desigualdades, diferenças ou semelhanças. Essa conduta a uma deposição de valores para, enfim, reconhecer-se o *Outro* e até mesmo humanizar-se, quer seja pela responsabilidade para com o *Outro*, quer pela hospitalidade, mas sempre calcado no acolhimento.

Para Lévinas, Deus vem à ideia por meio da acolhida ao *Outro*, como ele se apresenta ao *Rosto*, e sem disfarçar ou ocultar suas desigualdades ou diferenças, exsurgindo daí as máximas que movimentam o Ser para além do Ser: *não matarás; ame o teu próximo como a ti mesmo; desejo e a vontade intencional do bem, a busca pela paz e pela justiça*, entre tantos outros.

Exterioridade do Além do Ser
e Suas Repercussões nas Relações Humanas

O *Rosto* se apresenta e convida o *Eu* a sair de sua finitude e egocentrismo, estabelecendo uma relação lastreada num discurso ético, rumo ao infinito. Não há dificuldades na manutenção dessa relação, pois o controle está a cargo da

---

38. F. Poirié, op. cit., p. 34.

epifania do *Rosto* que descarrega, como uma carga, uma série de comandos, dentre eles, o *não matarás*.

A perspectiva de uma pluralidade na relação que se firmará entre o *Eu* e o *Outro*, que tem por signo a responsabilidade pelo *Outro*, tende a se tornar complexa se, além do *Outro*, se fizer presente mais um – o terceiro – ou mais outros – terceiros.

Aqui é possível vislumbrarmos uma série de relações sociais e eminentemente humanas, eclodindo, necessariamente, em crises e conflitos entre todos. É necessário que, nesse momento, a responsabilidade do *Eu* pelo *Outro* seja verdadeira e irrecusavelmente estendida a todos os *Outros*.

Da Responsabilidade Assimétrica do Eu Pelo Outro

A relação intersubjetiva, isto é, entre o *Eu* e o *Outro*, tem natureza infinita, na medida em que não se restringe à totalidade do Ser.

A ética levinasiana, inaugurada a partir da relação entabulada entre o *Eu* e o *Outro*, reclama para o *Eu*, sem qualquer reciprocidade em maior ou menor profundidade e elasticidade, uma irrestrita e cabal responsabilidade[39].

Não se exige, portanto, para a formação do sentido da responsabilidade no discurso levinasiano que o *Outro* tenha a mesma e recíproca responsabilidade para com o *Eu*. Isso porque o *Eu* tem responsabilidade total, respondendo não só por si, mas por todos os Outros, de maneira infinita.

Da mesma forma, o *Eu* é o único responsável por suas escolhas e, de certa forma, por suas angústias e sofrimentos. É exatamente aí que Lévinas delineia a importância da justiça em sua filosofia: a partir do momento em que o *Eu* é responsável por tudo e por todos, a mais efetiva e imparcial justiça para com os *Outros* será aquela que tem conservado

---

39. E. Lévinas, *Ética e Infinito*, p. 82.

o espírito do *des-inter-esse* que anima a ideia da responsabilidade pelo *Outro*[40].

A responsabilidade pelo *Outro*, mais que uma mera incumbência, revela-se como um verdadeiro desígnio da humanidade, cujo encargo não se permitiria recusar, pois é personalíssimo. O *Eu* deve carregar esse fardo e até mesmo assumir a responsabilidade de todos os *Outros*, mas jamais se fazer substituir, como na lapidar lição de Dostoiévski: "somos todos culpados de tudo e de todos perante todos, e eu mais do que os outros"[41].

Liberdade, Alteridade e Fraternidade

O acolhimento do *Outro* expõe a questão da liberdade. Embora não seja a temática central de seu pensamento, Lévinas irá sugeri-la como parte integrante da responsabilidade, a grande protagonista da filosofia levinasiana, mas revelando a finitude como o seu maior atributo[42].

A liberdade, com efeito, não poderia ser compreendida por sua espontaneidade nem autocomplacência, mas pela abertura e o acolhimento do *Outro*, como aptidão para ser solidário e sofrer pelo *Outro*.

A relação com o *Rosto* na fraternidade se faz e irrompe a partir do acolhimento, e revela, por seu turno, o *Eu* humano, que antecedentemente consistia em um Ser solitário e egoísta. A fraternidade não é limitada, ela constitui a ordem social como signo do *eros*, do amor, da família, da amizade e culmina no tempo infinito do triunfo da bondade[43].

---

40. Ibidem, p. 83.

41. *Os Irmãos Karamázov*, p. 396.

42. E. Lévinas, *De Outro Modo Que Ser o Más Allá de la Esencia,* p. 193; N.V. de Melo, op. cit., p. 233.

43. Idem, *Totalidade e Infinito*, p. 278. Exemplo significativo do acolhimento concerne aos refugiados sírios que, desesperadamente, fogem do horror da guerra civil na Síria, iniciada em 2011, fomentando uma crise migratória sem precedentes nas fronteiras da Europa. Até 2015, com exceção parcial da Alemanha (com cerca de 800 mil imigrantes acolhidos), ▸

A Bondade, a Paz e a Justiça

Ser para Outrem não é negação do *Eu*, mas a perspectiva de principiar uma relação de acolhimento, fundada na responsabilidade para com o *Outro*, uma vez apresentado pelo *Rosto*. É impossível recursar-se ao *Rosto;* a deposição do *Eu* se movimenta pela transcendência, o que para Lévinas se revela como a bondade que conserva o Ser, o despoja de seu egoísmo e o humaniza junto ao *Outro*. A responsabilidade com o *Outro* desaguará necessariamente na busca da paz e da justiça[44].

Na medida em que o *Eu* se depõe e reconhece o *Outro*, com hospitalidade e acolhimento, tornando-se, enfim, responsável por tudo e por todos, a justiça *des-inter-essada* se faz ecoar no *Rosto* de Outrem de maneira verdadeira, consciente de que os *direitos do homem e de boa vontade* são, pois, os direitos humanos do *Outro*. Assim, o *Outro* será a fonte de todos os *meus* direitos.

Alteridade e Diferença:
O Possível Diálogo da Proximidade Entre Jacques Derrida e Emmanuel Lévinas

Lévinas e Derrida não são apenas pensadores de uma mesma geração. São próximos, embora pareçam muito distantes, ambos provocadores, perturbadores, complexos, de herança judaica e que, acima de tudo, tiveram a pessoa humana como objeto de suas especulações filosóficas ao longo de suas vidas. Há um ponto de partida em comum entre Lévinas e Derrida: a leitura husserliana sobre a idealidade e a escrita, a linguagem, a originalidade do *dizer* e do *dito*. Heidegger também é outro ponto de partida comum

---

▷ os países europeus não receberam, irrestritamente, os refugiados, que se viram acolhidos, em sua grande maioria, em países vizinhos, como Turquia (2 milhões de pessoas), Líbano (1,2 milhão) e Jordânia (600 mil).

44. N.V. de Melo, op. cit., p 181.

na genialidade de Lévinas e Derrida, os quais, cada um à sua maneira, têm por objetivo superá-lo.

Assim, Lévinas ousadamente inverte o eixo do pensamento filosófico na seara da ontologia, introduzindo a alteridade a partir do pensar *autrement*[45]. Ou seja, ao priorizar definitivamente o *Outro* em detrimento do *Eu*, a partir de um discurso que prima pela *ética primeira*, assegurada a responsabilidade incondicional do *Eu* para além-do-Eu, isto é, para o *Outro*, de maneira a reconhecê-lo. Ao assim agir, o *Eu* deixa o estágio primário do egoísmo, humaniza-se, alcança e reconhece a si próprio; ao acolher o *Outro*, atinge a Deus. Em Derrida, nota-se a solidificação do pensamento desconstrucionista e um amadurecimento da compreensão da linguagem, da fala e da escrita. A pessoa é um ser em relação como o ser da *diferença radical*. Embora os caminhos percorridos por Lévinas e Derrida sejam relativamente idênticos, a diferença recai sobre a impossibilidade da alteridade, posto que o discurso de Derrida atingiu o *status* da identidade; não há o *Outro*, mas o Eu[46].

---

45. Optou-se propositadamente pela utilização da expressão hermenêutica *autrement* porque a sua tradução para a língua portuguesa por *outramente* não resultaria na precisa compreensão do seu verdadeiro sentido e alcance. Como nos ensina Paul Ricoeur, é fundamental no pensamento de Lévinas o conceito de alteridade, ao qual se liga o advérbio *autrement*. Expressões como "diferentemente", "de outro modo", "de outra forma" etc., são insuficientes para traduzir a radicalidade de *autrement* e podem induzir à traição e não à versão do pensamento do autor (*Outramente*, p. 5). Exatamente para resguardar a integridade central do pensamento levinasiano, será feito o uso da expressão em francês, preservando-se especificamente o seu sentido nuclear para, de uma só vez, ter em mente o cotejo das noções de alteridade, e da responsabilidade pelo *Outro* para além-do-Ser. Também encontramos na obra de Nélio Vieira de Melo (*A Ética da Alteridade em Emmanuel Lévinas*) a mesma concepção como se infere na página 18: "pensar *autrement* é uma tarefa exigente e complicada. Exige o abandono do Mesmo da condição de condutor da racionalidade; exige que o Eu abandone o seu lugar privilegiado e se torne responsável, servidor, incapaz de matar ou de reduzir o Outro num conceito. Toda complicação do pensar *autrement* está na condição de pensar outro modo de ser sujeito." Assim, ao se trabalhar com a expressão hermenêutica *autrement* pretende-se uma releitura da hermenêutica jurídica tradicional, para que se alcance um justo e jurídico-*sentido*, a partir do *Outro*.

46. N.V. de Melo, op. cit., p. 369.

Derrida escreveu dois artigos sobre Lévinas, em momentos diferentes. O primeiro, "Violência Metafísica", faz parte da coletânea *A Escritura e a Diferença,* publicada originalmente em 1967, e foi impulsionado pela provocação levinasiana constante de uma de suas principais obras: *Totalidade e Infinito,* de 1961.

Derrida revela-se um fiel intérprete do discurso levinasiano que pugna pela interrupção de uma totalidade do ser para além-do-ser, no qual o lastro para essa interrupção – e chave para a compreendermos o pensamento de Lévinas – repousa na alteridade como o único caminho de libertação e redenção transcendais para a humanização do Ser. Derrida, inicialmente se revela muito crítico quanto à perspectiva de abandonar o pensamento filosófico clássico, assentado em Plantão e em Aristóteles. Para Derrida, a *violência transcendental* ou *metafísica* expõe o sujeito levinasiano que, embora conduzido pela ética, se vê diante do *Outro*[47].

Para Derrida, a categoria levinasiana do *Rosto* jamais poderia ser tida como uma metáfora: "o Rosto não é uma metáfora, o Rosto não é uma figura. O discurso sobre o Rosto não é uma alegoria nem, como seríamos tentados a acreditar, uma prosopopeia"[48]. Para Derrida, o *Rosto* se mostra como uma realidade imediata e, ao invés de ser a *exteriorização* do Ser na presença da alteridade, Derrida sustenta que é a presença, *Ousia,* isto é, manifestação do ser que fala: palavra[49].

O segundo artigo escrito por Derrida é uma genuína homenagem *post mortem* a Lévinas: "Adieu à Emmanuel Lévinas", publicado originalmente em 1997, logo depois do falecimento do filósofo. É a oportunidade para nos certificarmos de que Derrida nutria pelo amigo uma admiração extrema, especialmente, pelo seu pensamento[50].

47. Ibidem, p. 372.
48. J. Derrida, *A Escritura e a Diferença*, p. 143.
49. N.V. de Melo, op. cit., p. 374.
50. "Cada vez que leio ou releio Emmanuel Lévinas sinto-me inundado de gratidão e de admiração, inundado por esta necessidade, que não é um constrangimento, porém uma força muito doce que obriga e que obriga, não a curvar de outra maneira o espaço do pensamento no seu respeito ao ▶

E aí é que Derrida fixa se u enfoque em algumas das categorias levinasianas que ainda o perturbavam. Dentre elas, sobre a natureza do *acolhimento*. A esse respeito, Derrida contribuiu para a reflexão a partir do discurso levinasiano, rumo ao *Outro*. Para ele, o acolhimento não é o *Rosto* – mas não há Rosto sem acolhimento. O acolhimento pressupõe o *receber*, que somente se dá para além da capacidade do *Eu*, mas apenas será possível captar o verdadeiro sentido e alcance do que venha a ser *receber* a partir do acolhimento hospitaleiro, do acolhimento aberto ou oferecido ao *Outro*. Por outro lado, conclui Derrida, o acolhimento torna possível o *recolhimento*, aqui compreendido pela intimidade do *em-si* e pela figura da mulher, a alteridade feminina[51].

Nessa especulação derridiana sobre a alteridade, o pensamento é guiado rumo ao feminino, que entra em cena no discurso da alteridade, assumindo um movimento que se identifica com a própria definição do estatuto da relação ética: "o feminino é o hospedeiro por excelência, o acolhedor em si da exterioridade que se recolhe na intimidade; o feminino se torna morada"[52].

Corpo, alteridade, diferença e escrita se entrelaçam. O diálogo que se mostrava *im-possível*, faz-se *possível*. Não existe uma pura fusão entre o pensamento de Derrida e de Lévinas, mas há um movimento comum, marcado pela *possível* releitura do Ser[53].

▷ Outro, mas a render-se a esta curvatura heteronômica que nos refere ao completamente outro (quer dizer, à justiça, diz ele em algum lugar, numa poderosa e formidável elipse: a relação ao Outro quer dizer a justiça), segundo a lei que conclama então a render-se outra precedência infinita do completamente Outro" (J. Derrida, *Adeus a Emmanuel Lévinas*, p. 25-26).

51. Ibidem, p. 45.

52. N.V. de Melo, op. cit., p. 377.

53. É imperioso recordar que Lévinas compara a estratégia da desconstrução derridiana ao avançar das tropas nazistas na França que, ao se retirarem, deixam um mundo de destruição e desolação (E. Lévinas, *Nombres Propios*, p. 60).

A ALTERIDADE COMO CRITÉRIO HERMENÊUTICO DA CIÊNCIA JURÍDICA DO SÉCULO XXI:

A Abertura do Sistema Jurídico Como Ponto de Partida

O sistema é a ferramenta apropriada da ciência jurídica para possibilitar aos operadores o seu manuseio, a sua construção e interpretação, figurando como resultado de um instrumento teórico abrangente, numa determinada realidade no tempo[1].

---

1. Paulo Bonavides, a este respeito, diferencia o *sistema externo* do *interno*. Apoiando-se em Kant, define sistema externo ou extrínseco como "o trabalho intelectual de que resulta um conjunto ou uma totalidade de conhecimentos logicamente classificados, segundo um princípio unificador". Sistema interno ou intrínseco, por sua vez, é aquele que se confunde com o próprio objeto do conhecimento, formando, assim, "um conjunto de elementos materiais (coisas ou processos) ou não materiais (conceitos), ligados entre si por uma relação de mútua dependência, constituindo um todo organizado" (P. Bonavides, *Curso de Direito Constitucional*, p. 108-109).

O sistema jurídico encerra uma noção de totalidade, mas nem por isso deverá ser considerado fechado. A natureza de um sistema jurídico fechado é incompatível com a introdução de novos elementos em seu bojo, sob pena de comprometer a sua estrutura e fomentar a produção de novas regras para a sua absorção. Tercio Sampaio exemplifica a natureza desse sistema fechado a partir de uma nova e distinta peça num jogo de xadrez, que acarreta a necessária criação de uma nova regra para compatibilizar a sua inserção e funcionalidade[2].

Guarda-se, aqui, certa semelhança com a introdução de um novo instituto jurídico que tenha como atributo a ruptura para abarcar uma hipótese, até então, absolutamente contrária às premissas de um sistema jurídico. É o que sucedeu com o instituto do divórcio no direito brasileiro que, antes da Lei 6.515/77, teve alterada a Constituição Federal então vigente, por meio da Emenda Constitucional n. 9, de 28 de junho de 1977, que chancelou a dissolubilidade do casamento por meio do divórcio.

De outro lado, inconfundível a noção de sistema jurídico aberto, no qual se legitima a inserção de um elemento que naturalmente lhe é estranho e que não pertence ao seu feixe estrutural, mas nem por isso será preciso agregar ou modificar suas regras. Para exemplificar o sistema aberto, Tercio Sampaio se vale da língua, mais precisamente da inserção de palavras estrangeiras nessa determinada língua, que não lhe retira a eficácia e tampouco exige, rigorosamente, cumprir as regras estruturais do idioma. Ele adverte, porém, que essa abertura não é ilimitada, sob pena de se comprometer a estrutura desse sistema[3].

---

2. T.S. Ferraz Junior, Sistema Jurídico e Teoria Geral dos Sistemas, em AASP, *Apostila do Curso de Extensão Universitária Promovido pela Associação dos Advogados de São Paulo*, p. 14-14.

3. Ibidem, p. 14. Trata-se da questão da *saturação*. De fato, permitir-se a abertura ilimitada para um determinado sistema, como a língua, por exemplo, poderia lhe resultar a sua total desestruturação e, em suma, comprometeria a sua eficácia. Não se vislumbraria nessa nova língua os traços culturais que originalmente lhe deram os contornos, mas ▶

Canotilho, doutrinando acerca da natureza do sistema normativo da Constituição, no confronto entre os modelos sistêmicos constituídos unicamente por regras e os concebidos exclusivamente em princípios, sustenta que o sistema jurídico, além de dinâmico, é aberto, lastreado numa estrutura apta a captar a mudança da realidade e absorver as concepções cambiantes da verdade e da justiça[4].

Nesse diapasão, alerta que um modelo que tenha como fundamento somente as regras jurídicas, nos conduziria a um sistema jurídico de limitada racionalidade prática, ao passo que o modelo baseado unicamente em princípios nos levaria a um mundo conflituoso de indeterminação e imprecisão, dada a possibilidade de princípios coexistentes e antagônicos. Daí a opção por um modelo sintético, que procura aliar as duas forças em prol de uma estrutura que permita a descodificação, de um "constitucionalismo adequado", e que prima pela sua adequação à realidade social[5].

Para Canaris, o sistema é aberto, dada a incompletude e a provisoriedade do conhecimento científico, de maneira que o operador do direito deve estar sempre preparado para manuseá-lo, podendo ampliá-lo ou modificá-lo, com base numa melhor e mais atualizada consideração[6]. Para chegar à abertura, Canaris constrói sua teoria sistêmica a partir do direito positivo, remontando à origem primeira do sistema interno do direito, por meio de duas categorias: a ordem e a unidade[7]. A ordem decorre do postulado da justiça, que prescreve tratar o igual de modo igual e o diferente

▷ tão somente um conjunto de palavras que não guardam esse substrato mínimo como unidade.

4. J.J.G. Canotilho, *Direito Constitucional e Teoria da Constituição*, p. 1159.

5. Ibidem, p. 1160. Essa concepção decorre da chamada Teoria Dialógica do direito, inspirada em Rolf-Peter-Callies, que intenta criar uma concepção sistêmica do direito que se revela, ao final, uma construção social da realidade.

6. C.W. Canaris, *Pensamento Sistemático e Conceito de Sistema na Ciência do Direito,* p. 106.

7. M.G. Losano, *Sistema e Estrutura no Direito*, v. 2, p. 317.

de forma diferente, de acordo com a medida da sua diferença: tanto o legislador como o juiz deverão se adequar, consoante doutrina Canaris, retomando os valores e demais elementos encontrados, até o fim[8].

A unidade, para Canaris, converge vetores negativos e positivos. Os negativos correspondem à lógica de garantir a ausência de contradições da ordem jurídica, ao passo que os positivos representam a realização da tendência generalizadora da justiça, com a vantagem de evitar uma multiplicidade de valores singulares desconexos, permitindo reconduzir, no entender de Canaris, a critérios pouco numerosos[9].

Da forma como foi edificada, a teoria proposta por Canaris é alvo de críticas, como a de Mario Losano, para quem a abertura do sistema gera muitas incertezas ao jurista, na medida em que os princípios fundamentais podem mudar, segundo a ordem subjetiva.

Não há que se confundir, aqui, a abertura do sistema de Canaris com os *topoi* de Viehweg. Enquanto os princípios de Canaris decorrem da indução realizada no direito positivo, os *topoi* têm seu advento a partir da dedução do ideal de justiça, da natureza das coisas ou de alguma outra entidade metafísica. Conforme adverte Mario Losano, a temática do sistema aberto de Canaris e a tópica de Viehweg se complementam: a tópica parte do sistema e resolve um caso em concreto para, num segundo momento, substituir os incertos *topoi* mediante uma avaliação sistemática, o que equivale a dizer com apoio do sistema aberto de Canaris[10].

Para Karl Larenz, um sistema aberto sempre é inacabado e inacabável, de maneira que são possíveis alterações em seus princípios com a descoberta de novos princípios, seja em virtude de alterações da legislação, de novos conhecimentos da ciência jurídica ou da atualização jurisprudencial dos tribunais[11].

8. C.W. Canaris, op. cit., p. 18.
9. Ibidem, p. 21.
10. Ibidem, p. 342.
11. K. Larenz, *Metodologia da Ciência do Direito*, p. 696.

A Alteridade na Formação
de um Sistema Jurídico Aberto

A alteridade é tema central da filosofia levinasiana, ao passo que o *Outro* é o verdadeiro protagonista em seu discurso filosófico.

O *Eu* é limitado por natureza, fadado ao egoísmo, egocentrismos e outras enfermidades do *Ser*, enquanto não se dignar mover-se em relação ao *Outro*. Não se trata, aqui, de fazer, essencialmente, caridade aos necessitados, aos excluídos, aos sem-direitos, porque não é assistência que se reclama.

O que se reclama é a deposição do *Eu* para, deliberadamente, permitir que o *Rosto* se apresente e, como num movimento sincronizado de uma dança, acolher o *Outro*, que sequer sei quem é, agir para com ele mediante conduta respeitosa e acolhedora.

A partir desse momento, minha responsabilidade para com o *Outro* é assimétrica: sou responsável por ele, sem que a reciprocidade seja a mesma e, ainda, sou responsável por tudo e por todos – e *Eu*, mais que todos os *Outros*!

Em uma palavra, o *Ser* somente toma o seu sentido ao abrir-se à exterioridade, rumando *além-do-ser*, acolhendo, enfim, ao *Outro* e, assim, atingindo-se o Infinito. Há um inegável paralelo com a teoria propugnada por Canaris. O sistema aberto está para *além-do-sistema*, apoiado nos postulados da justiça em valores supremos, culminando para uma construção, sempre axiológica, do sistema jurídico.

As críticas à teoria do sistema aberto de Canaris convergem não para uma questão de saturação, mas de equilíbrio e consistência do próprio sistema jurídico[12]. No que tange à *ordem*, assentada no postulado da justiça, há o risco de que as decisões e interpretações tanto do juiz, como do legislador, não sejam consentâneas com os valores contemporâneos, mas obsoletas e inadequadas.

---

12. H. Ryffel, *Systemdenken und Systembegriff*, p. 88, apud M.G. Losano, op. cit., p. 318.

Quanto à *unidade*, reclama-se a inexistência de uma garantia da certeza do direito. Para Canaris, todo sistema jurídico se destina à realização de um valor da justiça, mas o cerne da questão é a indefinição e a imprecisão do que vem a ser justiça nesse contexto.

E o que se pretende – tal como Lévinas fez com a ontologia do *Ser*, mediante a deposição do *Eu* para privilegiar o *Outro* – é reconstruir categorias internas do sistema de maneira a outorgar o necessário equilíbrio e sustentação, dando-lhe, enfim, sentido e operacionalidade.

Ao lado da *ordem* e da *unidade*, a *alteridade* deverá ser relacionada como um dos elementos vitais do sistema. Dar-se-á, em verdade, uma releitura, tanto para o postulado da justiça – que lhe propicia ordenação e adequação – como para os valores supremos tendentes a uma generalização.

A releitura será a de empossar o *Outro* na dignidade jurídica jamais presenciada anteriormente, independente da relação jurídica que se vislumbre, privada ou pública. Isso porque, o fenômeno direito é único, tal como nos ensina Tercio Sampaio, "ser livre é estar no direito e, no entanto, o direito também nos oprime e tira-nos a liberdade"[13].

Isso não significa destituir o *Eu* de seus direitos ou desconhecer a sua importância no contexto do sistema jurídico, mas admitir que os direitos privados ou públicos concernem aos direitos privados ou públicos *do Outro*, e assumem vital importância para coibir qualquer leviandade ou má-fé, com a necessária absorção de nova regra para a ciência da hermenêutica – a regra da alteridade. Em uma palavra, o que se propõe neste trabalho, é outorgar sentido, equilíbrio e sustentabilidade à concepção de sistema aberto que contemple, ao menos os seguintes elementos: a) *ordem*, no sentido de adequação, b) *unidade*, no sentido de padronização e c) *alteridade*, numa acepção de acolhimento incondicional do *Outro*.

---

13. T.S. Ferraz Junior, *Introdução ao Estudo do Direito*, p. 21.

A alteridade, assim concebida, não exporá ou privilegiará, como se poderia imaginar, os menos favorecidos, os excluídos, o estrangeiro, ou qualquer pessoa que, numa relação jurídica esteja mais ou menos vulnerável.

A alteridade, mais que um dos componentes do sistema proposto, se revelará como peça chave de sua hermenêutica.

A Interpretação Jurídica
e o Desafio de Acolhimento do Outro

Mensageiro celeste, Hermes[14] leva aos deuses as preces dos homens e traz aos homens os benefícios dos deuses. Condutor das sombras, Hermes é, a um só tempo, a transição entre a vida e a morte[15]. Mas é especialmente em razão dos seus atributos de *mensageiro dos deuses* e de *fiel intérprete das ordens divinas* que o seu nome será vinculado à ciência jurídica.

Nessa perspectiva, o operador do direito é, antes de tudo, um intérprete do sistema jurídico, decifrando e fazendo compreender o verdadeiro e correto sentido e alcance do sistema jurídico e de seus elementos inerentes, como a norma e os negócios jurídicos.

A interpretação é um *trabalho eminentemente prático*, construído pelo operador do direito, por meio do qual ele busca fixar o sentido e o alcance do sistema jurídico, das normas jurídicas que o compõem, das "expressões do direito" e demais institutos jurídicos. A Hermenêutica, por seu turno, é a *Teoria Científica da Interpretação*, que busca construir um *sistema* que propicie e desenvolva princípios e regras hermenêuticas que se convolarão, então, ao trabalho prático desenvolvido pela interpretação[16].

---

14. Na mitologia romana, seu equivalente era Mercúrio.

15. R. Ménard, *Mitologia Greco-Romana*, p. 50. Hermes também era incumbido de levar os mortos até Hades, senhor do mundo subterrâneo, irmão de Zeus e Poseidon. Cf. P. Neil e P. Wilkinson, *Mitologia,* p. 56.

16. C. Maximiliano, *Hermenêutica e Aplicação do Direito*, p. 2.

O operador do direito, enquanto intérprete do sistema normativo é um verdadeiro cientista que, em princípio, deveria se despir de seus *pré-conceitos* e primar por uma neutralidade natural de um cientista. Mas essa tarefa nem sempre é fácil, dado que o direito e, bem assim o seu intérprete, são impregnados de ideologias. E neste particular, não importa a função ou carreira que o bacharel em direito venha a seguir. Seja ele ou ela, magistrado, promotor, procurador, defensor, delegado, advogado, professor, será ele sempre um intérprete do sistema normativo. Na verdade, as várias ramificações da ciência jurídica preparam os bacharelandos para se tornarem intérpretes do sistema normativo[17].

O Poder Judiciário, embora tenha o mister inseparável da decidibilidade que lhe é conferida pelo poder jurisdicional, ainda que se trate da chamada jurisdição voluntária, desempenhará um importante e decisivo papel na interpretação jurídica, desenvolvendo, aliás, o papel de autoridade da qual emana uma importante e decisiva fonte jurídica – a jurisprudência.

Não é diferente o papel do advogado, ou mesmo do procurador, promotor ou defensor: é, na maioria das vezes, o primeiro a ter contato com uma questão que lhe é posta, fruto ou não dos conflitos intersubjetivos. Da sua primeira atuação, poderá a ciência jurídica agregar uma nova tese, ou importante precedente poderá advir, ainda que não estejamos investidos do espírito do *common law* – e nem mesmo a solidez da jurisprudência é páreo para essa determinante atuação do advogado, que se incumbirá de interpretar a

---

17. A função do bacharel em direito não é outra, senão a de interpretar o sistema jurídico: "Não se espera de nós mais do que isso. A nossa tarefa é muito limitada e modesta. Tarefa do bacharel é, simplesmente, a de interpretar o direito. O fato dessa tarefa ser modesta não quer dizer que não seja complexa. É ela bastante complexa e requer do intérprete conhecimentos científicos. Interpretar não é ler. Se bastasse ler para interpretar, qualquer alfabetizado seria intérprete. É essa peculiaridade que torna, a nós, bacharéis, diferentes dos leigos, ou seja, daqueles não versados na ciência do direito, que se propõem a interpretar" (G. Ataliba, Propedêutica Jurídica, em G. Ataliba (coord.), *Elementos de Direito Tributário*, p. 14).

questão que lhe foi trazida e, sendo o caso, acionar o poder jurisdicional do Estado.

Num exercício constitucional do contraditório, o raciocínio também é o mesmo, seja realizado pelo advogado ou qualquer outro profissional da área jurídica: há o exercício pleno da atividade interpretativa, ainda que o seu mister seja o do contradizer a primeira interpretação.

Até mesmo o bacharelando das ciências jurídicas, ainda que na maioria das vezes instigado pela dogmática – e raras vezes pela zetética – também é inserido no contexto da interpretação e de uma maneira intensa: cada um dos ramos da ciência jurídica, distribuídos nas mais diversas etapas do curso jurídico, pressupõe a metodologia da interpretação jurídica.

Ao se estudar o direito civil, por exemplo, qualquer que seja o ano ou semestre letivo, o estudante terá, ao final do período estudado, agregado técnicas dogmáticas da interpretação daquele ramo jurídico que, ao final do curso, deverá fazer parte da totalidade da ciência jurídica.

O estudante, enfim, aprende a ciência jurídica manipulando o instrumental hermenêutico, isto é, regras de interpretação, que ele usa para conhecer e aplicar o direito.

Métodos Clássicos de Interpretação do Sistema Jurídico

Dentre as clássicas regras de interpretação, já que algumas delas remontam à constituição da hermenêutica pela escola histórica, é possível destacar as interpretações: a) gramatical, b) lógica, c) teleológica, d) sistemática.

A gramatical é aquela que se dá por meio da análise gramatical, pela leitura dos termos e expressões que compõem a norma ou o negócio jurídico. É decisiva e, talvez, uma das mais relevantes regras de interpretação. A linguagem jurídica é uma linguagem técnica. Os elementos que compõem essa linguagem não se encontram, originalmente, nos vocabulários, glossários ou dicionários generalistas.

Exige-se, aqui, a perfeita penetração do operador do direito nos veículos próprios da ciência jurídica, que não se limitam a um dicionário ou vocabulário jurídico, mas, enfim, compõem toda a produção científica doutrinária.

É claro que os fatos jurídicos ou situações jurídicas derivam, usualmente, do cotidiano. Mas a linguagem jurídica é composta por elementos e signos que têm por escopo outorgar exatidão às expressões e termos. Daí a necessidade da contextualização jurídica, que somente fará sentido jurídico se provir de uma fonte científica.

Quando se fala em *remissão*, por exemplo, embora haja nítida noção de "perdão" que aflora ao sentido de quem lê essa palavra num determinado contexto do direito privado, trata-se de instituto do direito das obrigações, com viés eminentemente patrimonial – e não o perdão dos pecados.

A interpretação lógica é aquela que considera os instrumentos da lógica para o ato de intelecção, que, naturalmente, estão presentes no trabalho interpretativo. Nessa modalidade, serão exigidos do intérprete do sistema normativo a sua percepção e os reflexos diante de determinada situação.

Assim, ao fazer a leitura do Art. 2º do Código Civil e se deparar com o termo *nascituro*, deverá, prontamente, não só ter a consciência de que se trata de criança que se encontra no ventre materno, pendente de nascimento com vida e, a partir do julgamento da ADI 3.510, da relatoria do min. Ayres Brito pelo STF[18], ter a certeza de que, nesse contexto, não poderiam ser também compreendidos os embriões excedentários, cultivados nas clínicas de reprodução assistida e que, à evidência, ainda não foram inseridos no ventre materno.

A interpretação histórica, embora nos dias atuais tenha perdido o *glamour* de outrora, é aquela que se preocupa em investigar os antecedentes da norma, como e por que surgiu, as condições sociais do momento em que foi criada; as justificativas do projeto; os motivos políticos que levaram à sua aprovação, entre outros.

18. Julgado em 29 maio 2008.

Muitos exemplos poderiam ser lembrados, mas um deles merece destaque, até pela sua forte eficácia de alteridade: a Lei n. 11.340, de 7/08/2006, conhecida como *Lei Maria da Penha*.

É bem verdade que o ponto de partida para criar essa norma jurídica está na Constituição Federal (§ 8º do Art. 226)[19].

A considerar a distância entre o longínquo ano de 1988 e o da edição dessa relevante norma, prontamente percebemos a importância que o legislador outorga às regras puramente de alteridade.

Mas o contexto histórico que envolve a Maria da Penha deveria ser objeto de matéria obrigatória em todos os cursos universitários do país. Há uma pedagogia da dívida que deveria ser lembrada, pelo bem da *alteridade*.

Por duas ocasiões, o marido da professora universitária Maria da Penha tentou tirar-lhe a vida – ele, que também é professor universitário, passou poucas horas no distrito policial. Foi preciso que um órgão internacional – no caso a Comissão Interamericana de Direitos Humanos – considerasse e deliberasse tratar-se, na hipótese de violência à mulher, de violação dos direitos humanos.

Ora, com a repercussão internacional atingida pela surpreendente omissão do poder público, em manter a segurança, em aplicar o *jus puniendi* e em dotar o sistema jurídico de uma norma que pudesse regrar a violência contra a mulher, finalmente a Lei Maria da Penha foi editada.

A interpretação sistemática, por sua vez, é aquela em que o intérprete do sistema normativo leva em conta a norma no contexto maior do sistema jurídico. Essa interpretação assume capital importância, especialmente para o positivismo jurídico, uma vez que o movimento interpretativo parte das consequências avaliadas pelo intérprete, retornando, necessariamente, para o interior do sistema[20],

---

19. "§ 8º – O Estado assegurará a assistência à família na pessoa de cada um dos que a integram, criando mecanismos para coibir a violência no âmbito de suas relações."

20. T.S. Ferraz Junior, *Introdução ao Estudo do Direito*, p. 292.

de maneira que ele se *limita a* manusear elementos *de dentro para dentro* do sistema. Tem como vetor elementar a busca da segurança jurídica, no próprio ordenamento, o que nada mais é do que um grande conforto e alento, especialmente para os normativistas.

Da Interpretação Teleológica
Para Além-do-Sistema

Finalmente, têm-se a interpretação teleológica ou axiológica. Cuida-se da interpretação que considera os fins aos quais a norma jurídica se dirige. Embora possa não ser tão claro em todas as ocasiões, é sempre possível atribuir um propósito e finalidade à norma jurídica[21].

Miguel Reale adverte que toda norma jurídica tem por finalidade um valor e, qualquer interpretação jurídica sempre terá natureza teleológica, fundada na consistência valorativa do direito. Disso decorre que o trabalho do intérprete é concretamente constatar e fazer aclarar o valor da norma jurídica[22]. O problema, no entanto, reside tanto na equivalência dos valores – já que nem todos os valores podem ser equivalentes nem gozar da mesma intensidade de proteção no âmbito do ordenamento jurídico[23] – como também em face da inegável insegurança e incerteza que o olhar e o pensar subjetivo do intérprete faz irradiar.

A interpretação teleológica pode, assim, assumir a instrumentalização da ontologia ocidental, do *Eu* para o *Eu*, decidindo sobre o *Meu* ou o *Nosso* mas jamais ter a conduta decisiva de permitir acolher o *Outro* nem tornar-se responsável por ele e dar-lhe além do reconhecimento, a necessária hospitalidade.

Trata-se de interpretação que assume fundamental importância para o significado do sistema aberto de Canaris,

21. Ibidem, p. 292.
22. M. Reale, *Lições Preliminares de Direito*, p. 291.
23. Idem, *Fundamentos do Direito*, p. 305.

porquanto contribui decisivamente para a plena compreensão de que sistema representa a derivação de uma ordem teleológica[24].

E a razão disso não é difícil de entender. É que, nessa modalidade de interpretação, o intérprete tem acentuada e privilegiada participação, pois é nele – o intérprete – que começa e termina a total configuração do sentido perquirido. E exatamente por isso é que se poderia dizer, com Vittorio Frosini, que o intérprete do sistema normativo, atua como um demiurgo, aquele Deus que, segundo Platão, transformou a matéria pré-existente do caos, convertendo-a em um cosmos ordenado, em conformidade com as ideias. O intérprete assim atua, mediante a identificação de símbolos e valores, comparações e juízos de compatibilidade, em um novo contexto homogêneo, seja este o de uma lei antiga e um fato recente, ordenando-os dentro de uma estrutura complexa[25].

Mas não se terá alteridade alguma, ainda que pela via da interpretação teleológica, se o intérprete do sistema normativo se deixar levar pela ontologia e, pois, deixar no centro do fenômeno jurídico o *Eu*, o *Meu*, decidindo apenas em nome de *Nós*, sobre o que for *Nosso*.

Mas *Nós* não é plural de *Eu* e o *Outro*, absolutamente é *Outrem*[26].

É preciso que a mesma radicalidade encontrada no discurso filosófico levinasiano inspire o intérprete do sistema jurídico de maneira a operar não uma mera leitura interpretativa da norma jurídica – de dentro para dentro do sistema –, mas uma mudança de conduta, que ele insira o *Outro* na realidade de sua interpretação, a tal ponto que a alteridade, mais que um critério hermenêutico, seja um

---

24. C.W. Canaris, op. cit., p. 283.

25. V. Frosini, *Teoría de la Interpretación Jurídica*, p. 13.

26. "A coletividade em que eu digo 'tu' ou 'nós' não é um plural de 'eu'. Eu, tu, não são indivíduos de um conceito comum. Nem a posse, nem a unidade do número, nem a unidade do conceito me ligam a Outrem" (E. Lévinas, *Totalidade e Infinito*, p. 25).

ponto de partida e, especialmente, um ponto de chegada – ou de acolhida.

Alteridade Como Reconstrução do Pensamento Jurídico a Partir do "Outro": Constatação de Interpretação "Autrement" no Direito Brasileiro

Lenio Luiz Streck, com apoio nas reflexões de Gadamer, pontifica que o processo hermenêutico é sempre produtivo, de maneira que seria uma ficção insustentável conceber que o intérprete do sistema normativo deva ser comparado a um mero leitor[27].

De fato, a interpretação não pode – e nem deve – ser confundida com uma simples leitura da norma ou negócio jurídico, além de que o processo hermenêutico sempre se fará mediante a construção de uma nova tese ou mesmo a chancela da vigência de uma outra tese jurídica. O intérprete jamais poderá abandonar o desiderato de sua função: outorgar sentido à norma ou ao instituto jurídico.

Não se espera que o intérprete dispa-se da neutralidade – embora seja praticamente impossível captar neutralidade no fenômeno jurídico – e se cubra com as vestes da parcialidade. Nada disso.

Espera-se que o intérprete do sistema normativo, conscientemente, exercite o caminho da alteridade, tendo como ponto de partida, sempre, o *Outro*. E o resultado de sua interpretação deverá ter como resultado, em regra, a eficácia do direito do *Outro*.

E quando isso acontecer, se dará genuinamente a interpretação *autrement*, embasada no discurso da filosofia levinasiana que tem como linguagem e primeiro fundamento a ética, assentada na responsabilidade pelo *Outro* que se mostra acolhido concretamente pelo hermeneuta.

---

27. L.L. Streck, *Hermenêutica Jurídica e(m) Crise*, p. 213.

Parece complexa – para não dizer inviável – a interpretação *autrement* em nosso sistema jurídico. Contudo, a detida análise de alguns exemplos nos fará mudar de ideia.

Direitos da Criança e do Adolescente

Exemplo característico dessa modalidade de interpretação é a que consiste no alcance e sentido dos direitos da criança e do adolescente, pelo que plenamente se configura, aqui, outra hipótese de alteridade do sistema jurídico brasileiro.

Sim, o direito em questão, por excelência, não pertence ao *Eu*, mas a *Outrem*, que exsurge pelo *Rosto* e a quem, na forma do Art. 227 da Constituição Federal, decorrem o necessário acolhimento e, pois, hospitalidade flagrantes: competirá à família, à sociedade e ao Estado, assegurar a dignidade mínima à criança e ao adolescente, aqui compreendida de maneira prioritária e abrangendo-se, dentre outros, o direito à vida, à saúde, à alimentação, à educação, ao lazer, à profissionalização, à cultura, ao respeito, à liberdade, à convivência familiar.

Há, enfim, uma nítida responsabilidade do *Eu* para com o *Outrem*, aqui representativo das crianças e adolescentes, *Eu* que se mostra responsável por tudo e por todos, colocando-os, ainda na forma do *caput* daquele dispositivo constitucional, a salvo de toda forma de negligência, discriminação, exploração, violência, crueldade e opressão.

Assentada a alteridade com lastro na Constituição, leis infraconstitucionais, em especial o Estatuto da Criança e do Adolescente, os códigos civil e penal, tratam de disciplinar o regulamento da dignidade das crianças e adolescentes, enfeixando tanto os seus direitos, como os deveres de todas aquelas pessoas mencionadas pela Constituição. E, ao analisar qualquer questão que tenha como temática um direito da criança ou do adolescente, qual o papel do intérprete normativo ao fazer suas avaliações, sob esta ótica? Aqui está a diferença crucial em relação à interpretação sistemática.

A interpretação sistemática detém uma eficácia *finita*, está assentada numa verdade da totalidade, já que o intérprete do sistema normativo se limita, instrumentalmente, a se valer dos mecanismos de *dentro* do sistema jurídico. O trabalho do intérprete não exigirá que ele se ponha *além-do-sistema*.

Na interpretação teleológica, no entanto, o intérprete realiza uma avaliação valorativa, para *além-do-sistema*, não se limita a indicar o *mens legislatoris*, mas precisa o *mens legis* e identifica os concretos e efetivos propósitos da norma ou instituto jurídico. Nessa perspectiva, a interpretação teleológica exsurge como a identificadora da dignidade de um regulamento de proteção ao *Outro*, o que equivale dizer que estaria dentro da infinitude do *Outro*, pois atende ao postulado da alteridade. Afinal, não foi outro o escopo, a não ser proteger a criança e o adolescente, que se apresentam com os *Rostos* nas suas mais comezinhas necessidades.

Dentre os critérios discorridos, qual deles é o materialmente mais adequado para a hermenêutica da alteridade?

A interpretação gramatical e a histórica têm um elemento comum, consistente na reconstituição da norma jurídica. A interpretação gramatical reconstitui o léxico e o sentido das palavras e expressões contidas na norma ou no instituto jurídico em análise, ao passo que na segunda modalidade, decorre uma reconstituição histórica.

Embora se valha o intérprete de fontes *além-do-sistema*, elas são encontradas em sistemas próprios e peculiares: a língua e a história, na interpretação sistemática, o intérprete está limitado pelo alcance do próprio sistema, não lhe sendo permitido o acesso a sistema estranho ou a ele incompatível. Ele atua sob o *dado*. A sua performance deve ser conformadora *para dentro* do sistema. Se assim não for, corre o risco de fomentar alguma crise de incoerência no sistema jurídico, colocando em xeque a validade de uma ou outra norma jurídica, ou do próprio sistema.

A interpretação teleológica pressupõe uma atividade nitidamente valorativa. Aqui há lugar para uma atividade construtiva da hermenêutica interpretativa, tal como ocorre no direito inglês, a partir da utilização da expressão *interpretation and construction,* ou no direito alemão, que há muito abandonou a *hermeneutik*, para se valer do *Auslegung*, que conjuga todas as aplicações da hermenêutica[28].

Nesse contexto valorativo, a interpretação teleológica é o lugar propício para, guiando-se pelo fio condutor da ética da relação humana – presente em qualquer relação ou manifestação jurídica como no caso das normas e institutos jurídicos – permitir a releitura da hermenêutica para inserir a alteridade na interpretação das normas e institutos jurídicos.

Para tanto, o intérprete do sistema normativo, aqui configurando o *Eu*, deverá mover-se em relação ao *Outro*, num exercício hermenêutico da alteridade que privilegie o acolhimento e a hospitalidade do *Outro*, como verdadeiro, autêntico e legítimo destinatário da norma jurídica, personificando-se, para *além-do-ser*, com o único e concreto propósito de criar a norma jurídica.

"Jus Postulandi" na Justiça do Trabalho

A Consolidação das Leis do Trabalho, instrumentalizadas pelo Decreto-Lei n. 5.452, de 1º de maio de 1943, e uma série de normas ao longo de mais de setenta anos, consubstancia um conjunto de regras que regulam as relações individuais e coletivas de trabalho.

Dentre um de seus artigos, sobreleva citar o *caput* do Art. 791, que trata do *jus postulandi*, isto é, o direito ao exercício da capacidade postulatória da própria parte, que tem o direito e o poder de intervir em um processo trabalhista, sem a assistência de um advogado[29].

A esse preceito normativo, opõe-se o estatuído no Art. 133 da Constituição Federal, segundo o qual "o advogado é

---

28. C. Maximiliano, op. cit., p. 3.
29. "Os empregados e os empregadores poderão reclamar pessoalmente perante a Justiça do Trabalho e acompanhar as suas reclamações até o final."

indispensável à administração da justiça". Numa primeira análise, poder-se-ia cogitar da incompatibilidade do Art. 791 da CLT no sistema jurídico, fosse a interpretação sistemática a regra adequada para interpretar esse aparente conflito, sem perder de vista o critério da *lex superior*, segundo o qual a lei superior *derroga* uma norma inferior[30].

Seria exatamente a hipótese, ao se confrontar friamente a natureza superior da Constituição Federal em detrimento da Consolidação das Leis do Trabalho, uma norma infraconstitucional.

Mas não é essa a exegese em nosso sistema, dado que a interpretação teleológica prevaleceu. O propósito da lei era beneficiar o trabalhador que, mesmo sem recursos para contratar um advogado, deveria ter assegurado o seu legítimo acesso à Justiça do Trabalho.

Nem há lugar, aqui, com o devido respeito ao entendimento em sentido contrário, para duvidar que há uma desigualdade insuperável potencialmente cristalizada: o empregador contrata a melhor e mais eficiente banca de advogados, em detrimento do trabalhador sem qualquer recurso, que se intimida na frente do magistrado e tem comprometidos os seus direitos que, de tão importantes, assumem caráter alimentar em nosso sistema.

Em verdade, ao se realizar o exercício hermenêutico no Art. 791, *caput*, da CLT chegamos, sem maiores rodeios, à certeza de que a alteridade deve prevalecer.

O *Outro*, aqui, é a personificação do trabalhador com ou sem recursos. A lei não faz um corte entre trabalhadores pobres ou ricos, apenas os legitima a ter acesso à Justiça do Trabalho, não para haver mais ou menos economia, pois sabemos que, em face de reclamações dos empregados, a praxe é cobrar por ocasião e se houver recebimento de direitos trabalhistas.

É bem verdade que o *jus postulandi* também se estende ao empregador, mas o protagonista dessa potestatividade é

---

30. *Lex superior derogat legi inferiori.*

inequivocamente o trabalhador que aqui se afigura como o *Outro* a quem foi assegurada a prerrogativa de *pessoalmente* defender os seus direitos, como se a sua relação, de tão importante – e ao mesmo tempo simples, porque decorre da inobservância de regras que não são razoavelmente complexas – fosse tratada direta e pessoalmente pelo próprio trabalhador, *sem qualquer intermediação*.

Frise-se que a interpretação histórica também contribui para a elucidação. Isto porque remonta ao *jus postulandi* quando a reclamação – e daí advém essa nomenclatura – não era sequer realizada perante a Justiça, mas em face de um órgão público do Poder Executivo.

Mas há um elemento, nessa relação jurídica, decisivo para a eficácia e a efetividade ao exercício hermenêutico da alteridade: a figura do magistrado é a garantia constitucional da ampla defesa e do contraditório, sem perder de vista o direito inarredável de ação.

E o juiz do Trabalho, do alto de sua imparcialidade, não vê amigos ou inimigos, apenas *Rostos* e na dialética do processo, atendidos os postulados da prova e seu convencimento, terão o seu acolhimento e, bem assim, sua hospitalidade.

A Questão das Cotas nas Universidades

É importante observar também a questão das cotas nas universidades, nas suas mais variadas faces: negros, índios, egressos de escolas públicas e, sobretudo, pobres.

Uma interpretação sistemática pugnaria pela sua absoluta inaplicabilidade, dado que o postulado da isonomia constitucional estaria, em tese, prejudicado, já que se distinguiriam, dentre os jovens egressos do ensino médio, alguns privilégios.

E qual o escopo das cotas no direito brasileiro? Há a necessidade de corrigir distorções na sociedade que um caso ou outro de sucesso na adversidade em hipótese alguma poderia lhe frustrar a incidência.

Mais precisamente, o objetivo é corrigir um grave problema de acesso ao ensino superior. Num Brasil em que os governantes silenciaram e se omitiram em face de toda a sorte de desigualdades sociais e culturais, há uma grande dívida extrapatrimonial, por gerações e gerações a esses mesmos negros, índios, egressos de escolas públicas e, bem assim, os menos afortunados.

As cotas, nesse sentido, representam muito pouco – ou quase nada – como um instrumento de retomada de suas dignidades.

Claro que a interpretação histórica foi importante nessa construção, mas é na teleológica que se alcança um sentido inarredável para considerar absolutamente legítimo o direito às cotas universitárias[31].

Manutenção do Foro Privilegiado à Mulher

Nessa mesma linha, analisemos a eficácia do foro privilegiado da mulher, na forma do Art. 100, inciso I, do Código de Processo Civil (CPC), a despeito da isonomia constitucional assegurada no *caput* e inciso I do Art. 5º da Constituição Federal, mas, sobretudo, em matéria de cônjuges, conforme o Art. 226, § 5º.

Numa interpretação sistemática, cogitar-se-ia derrogar o dispositivo no inciso I, do Art. 100, do CPC em contraste aos preceitos da Constituição Federal com a aplicação do critério da lei superior.

Mais uma vez, a interpretação teleológica, com a inclusão do *Outro*, neste caso a mulher, se faz presente no direito brasileiro.

---

31. A Lei 12.711, de 29 de agosto de 2012, que dispõe sobre o ingresso nas universidades federais e nas instituições federais de ensino técnico de nível e que regulamenta a questão das cotas, não é um diploma isolado. Também há de se registrar, aqui, a Lei 12.990, de 9 de junho de 2014, que reserva aos negros 20% das vagas oferecidas nos concursos públicos para provimento de cargos efetivos e empregos públicos no âmbito da administração pública federal, das autarquias, das fundações públicas, das empresas públicas e das sociedades de economia mista controladas pela União. Nesse mesmo sentido, confira-se a Resolução nº 203/2015 do Conselho Nacional de Justiça (presente nos Anexos, infra), que dispõe sobre a reserva aos candidatos negros de 20% das vagas oferecidas nos concursos públicos para cargos efetivos e de ingresso na magistratura.

Houve um tempo em que a mulher, na vida social brasileira, tinha como finalidade *ser mãe*.

Malgrado o autor do projeto que culminou no Código Civil de 1916, Clóvis Beviláqua, ter feito parte da Escola do Recife, logo no Art. 2º apresentava o cartão de visitas daquela sociedade patriarcal: o destinatário do Código Civil como sujeito de direitos e obrigações, era o homem.

E os professores de direito se esforçavam, a partir de 1950, em fazer uso da interpretação extensiva, mas não fora esse o escopo. Tanto é assim que, quando convinha ao legislador, textualmente utilizava o termo *mulher*, como se depreende da leitura do regime dotal, para o qual a mulher era considerada incapaz de administrar seu patrimônio – instituto que saiu do ordenamento sem deixar saudades – ou quando era necessário obter a autorização para alienar bem imóvel, por meio de outorga uxória.

A verdade é que o Art. 233 daquele Código situava a família brasileira naquela época, ao estatuir que o marido era o chefe da sociedade conjugal[32]. Somente com a promulgação da Constituição Federal de 1988, há menos de 25 anos, portanto, essa situação de flagrante desigualdade caiu por terra.

E a mulher, dentro dessa perspectiva, por questões culturais ou sociais, teve furtada, na grande maioria das vezes, a chance de uma de melhor formação escolar, porque o padrão, salvo raras exceções, era o de se dedicar à criação de sua família. Dentro desse cenário e à luz da interpretação teleológica, não se poderia negar que a mulher, na qualidade de *Outro*, não teve as mesmas oportunidades, em comparação aos homens, de maneira que a vigência do Art. 100, inciso I, do CPC, por todas essas questões, ainda se mostraria de rigor.

Assim, é perfeito o entendimento do Supremo Tribunal Federal (STF), mediante a relatoria do ministro Joaquim

---

32. "O marido é o chefe da sociedade conjugal, função que exerce com a colaboração da mulher, no interesse comum do casal e dos filhos", com a redação dada pela Lei 4.121/62.

Barbosa, no julgamento do Recurso Extraordinário n. 227114/ sp e votação unânime da 2ª Turma daquele Tribunal[33]:

DIREITO CONSTITUCIONAL. PRINCÍPIO DA ISONOMIA ENTRE HOMENS E MULHERES. AÇÃO DE SEPARAÇÃO JUDICIAL. FORO COMPETENTE. ART. 100, I DO CÓDIGO DE PROCESSO CIVIL. ART. 5º, I E ART. 226, § 5º DA CF/88. RECEPÇÃO. RECURSO DESPROVIDO. O inciso I do artigo 100 do Código de Processo Civil, com redação dada pela Lei 6.515/1977, foi recepcionado pela Constituição Federal de 1988. O foro especial para a mulher nas ações de separação judicial e de conversão da separação judicial em divórcio não ofende o princípio da isonomia entre homens e mulheres ou da igualdade entre os cônjuges. Recurso extraordinário desprovido.

Utilização de Células-Tronco Embrionárias Para Fins de Pesquisa e Clonagem Terapêutica

Esse julgamento já serviu de base para dar início a nossa discussão sobre a ética como filosofia primeira em Lévinas. Mas, quer para a interpretação jurídica teratológica quer, especialmente, para avaliar o fenômeno da alteridade no direito, impõe-se revelá-lo e esmiuçá-lo mais uma vez.

Utilizar embriões excedentários ou inviáveis para fins de clonagem terapêutica, conforme Art. 5º da Lei 11.105/2005, gerou – e ainda gera – muita discussão e polêmica em vários setores da sociedade brasileira, principalmente após o ajuizamento da Ação Direta de Inconstitucionalidade pelo Ministério Público Federal, tomada perante o STF sob o n. ADI 3.510. O entendimento era o de que os embriões, nas condições da Lei 11.105/2005, tinham vida e, como tal, utilizar suas células tronco implica violar frontal e diretamente o direito constitucional à vida.

O Supremo Tribunal Federal, mediante a relatoria do ministro Ayres Brito e pela maioria de votos, julgou improcedente a ação[34]. Pela leitura de trechos da ementa,

33. Julgado em 22 nov. 2011.
34. Julgado em 29 maio 2008.

depreende-se que a Corte Constitucional também se valeu da interpretação teleológica, já que, se aplicada a interpretação sistemática, ter-se-ia o entendimento de que o uso dos embriões, nas condições da Lei 11.105/2005, fomentaria a violação do direito constitucional à vida.

A atenta leitura de trechos da ementa corrobora essa interpretação:

O embrião é o embrião, o feto é o feto e a pessoa humana é a pessoa humana. Donde não existir pessoa humana embrionária, mas embrião de pessoa humana. O embrião referido na Lei de Biossegurança ("in vitro" apenas) não é uma vida a caminho de outra vida virginalmente nova, porquanto lhe faltam possibilidades de ganhar as primeiras terminações nervosas, sem as quais o ser humano não tem factibilidade como projeto de vida autônoma e irrepetível.

O direito infraconstitucional protege por modo variado cada etapa do desenvolvimento biológico do ser humano. Os momentos da vida humana anteriores ao nascimento devem ser objeto de proteção pelo direito comum. O embrião pré-implanto é um bem a ser protegido, mas não uma pessoa no sentido biográfico a que se refere a Constituição.

Ao atentarmos para a questão teleológica em discussão nessa ADI, depreendemos que a pesquisa científica da clonagem terapêutica, a que alude a Constituição Federal em seu Art. 218, fez enaltecer o polo da proteção a que se refere o Art. 5º, da Lei 11.105/2005.

E assim é que, por meio da interpretação teleológica, o STF chancelou a proteção de *Outrem*, isto é, todas as pessoas portadoras de enfermidade que podem ser beneficiadas com a cultura da clonagem terapêutica, aqui representadas por *Outrem*.

Da Chancela Constitucional da Família Homoafetiva no Direito Brasileiro

Em recente entendimento preconizado pelo Supremo Tribunal Federal, uma vez mais mediante a relatoria do ministro Ayres Brito, foi reconhecida a dignidade da família homoafetiva, pelo viés da interpretação conforme a Constituição[35]. Confira-se a ementa:

INTERPRETAÇÃO DO ART. 1.723 DO CÓDIGO CIVIL EM CONFORMIDADE COM A CONSTITUIÇÃO FEDERAL (TÉCNICA DA "INTERPRETAÇÃO CONFORME"). RECONHECIMENTO DA UNIÃO HOMOAFETIVA COMO FAMÍLIA. PROCEDÊNCIA DAS AÇÕES.

Ante a possibilidade de interpretação em sentido preconceituoso ou discriminatório do Art. 1.723 co Código Civil, não resolúvel à luz dele próprio, faz-se necessária a utilização da técnica de interpretação conforme à Constituição. Isso para excluir do dispositivo em causa qualquer significado que impeça o reconhecimento da união contínua, pública e duradoura entre pessoas do mesmo sexo como família. Reconhecimento que é de ser feito segundo as mesmas regras e com as mesmas consequências da união estável heteroafetiva.

O STF manifestou o entendimento de que se deveria incidir *a interpretação conforme a Constituição*.

De fato, esse mecanismo de interpretação deve mesmo ter sido observado – mas num segundo momento.

Primeiramente, o STF voltou-se para aquela união fática homoafetiva e nela vislumbrou, pela epifania do *Rosto,* a aparição do *Outro*, recebendo acolhida e hospitalidade, ocasião em que, assentando o entendimento na *interpretação em conformidade com a Constituição*, deu-lhe a esperada dignidade.

Substituição Temporária do Útero:
A "Barriga de Aluguel"

Há uma outra questão relativa à reprodução assistida (RA), que também atende à ordem teleológica da alteridade proposta: trata-se da doação temporária do útero, mais conhecida como "barriga de aluguel".

35. Brasil, *Ação de Descumprimento de Preceito Fundamental* (ADPF) *nº 132*, 05 maio 2011.

Não há, em nosso ordenamento jurídico, uma lei ordinária, criada pelo Congresso Nacional e sancionada pela Presidência da República, regulamentando essa matéria. Encontramos, isoladamente, a Resolução n. 2.121/2015, do Conselho Federal de Medicina, que prescreve[36]:

VII- SOBRE A GESTAÇÃO DE SUBSTITUIÇÃO (DOAÇÃO TEMPORÁRIA DO ÚTERO)

As clínicas, centros ou serviços de reprodução humana podem usar técnicas de RA para criarem a situação identificada como gestação de substituição, desde que exista um problema médico que impeça ou contraindique a gestação na doadora genética ou em caso de união homoafetiva.

1 – As doadoras temporárias do útero devem pertencer à família de um dos parceiros em parentesco consanguíneo até o quarto grau (primeiro grau – mãe; segundo-grau – irmã/avó; terceiro grau – tia; quarto grau – prima). Demais casos estão sujeitos à autorização do Conselho Regional de Medicina.

2 – A doação temporária do útero não poderá ter caráter lucrativo ou comercial.

À míngua de um diploma legislativo ordinário que regulamente a contento a matéria, uma resolução não se mostra, em princípio, adequada para esse desiderato.

Primeiramente porque não foi respeitado o princípio da legalidade (Art. 5º, inciso II, da Constituição Federal). Em seguida, porque um ato normativo emanado de um Conselho de Classe tem por destinatário o *Eu* – e nunca o *Outro* –, especialmente os beneficiários ou usuários dos procedimentos médicos.

É exatamente aí que reside a *ratio* da alteridade, que deverá guiar o operador do direito à integração da norma jurídica. Não se cogita violar a clássica regra do Art. 4º da Lei de Introdução às Normas do Direito Brasileiro[37].

---

36. Ver a íntegra do texto infra, p. 125-133.
37. "Quando a lei for omissa, o juiz decidirá o caso de acordo com a analogia, os costumes e os princípios gerais do direito."

A bem da verdade, o sistema jurídico brasileiro não dispõe de lei ordinária que regulamente adequadamente a reprodução assistida. As hipóteses dos incisos III, IV e V do Art. 1.597 do Código Civil compõem, talvez, o maior paradoxo do direito civil na atualidade: a) não regulamentam a reprodução assistida e b) tratam do que há de mais moderno no direito civil brasileiro.

Não encontraremos expressa disposição sobre a substituição temporária de útero no § 7º do Art. 226 da Constituição Federal que trata do planejamento familiar responsável, nem na Lei 9.263, de 12 de janeiro de 1996 que regulamenta aquele dispositivo constitucional. Também não há costume, com a observação de que a "barriga de aluguel", sob a óptica da moral, sempre foi vedada socialmente.

Inexiste, ademais, norma similar aplicável, tampouco um costume jurídico. É lugar, então, para aplicar os princípios gerais do direito.

À míngua de uma lista que pudesse contemplar as mais diversas modulações de lacunas, nos vemos diante de um *Rosto* de uma mãe, da qual não vemos nariz, boca, nem mesmo seus olhos – mas apenas o desejo de ser mãe!

Assim, a classe médica não poderia ser personalizada pelo *Outro*, mas pelo *Mesmo* e este será, por isso, responsável não somente por tudo, mas por todos, principalmente os usuários desse procedimento terapêutico. O *Outro*, que merece acolhimento, tem o seu *Rosto* exposto: é a mulher que, por razões adversas, é portadora de um problema médico que impede a gestação ou cuja gestação é contraindicada no caso de doadora genética[38].

É preciso que o intérprete do sistema normativo busque, então, o lastro necessário e, a partir daí, chancele a legitimação da alteridade representada por aquela mulher que personifica a doadora genética nessa relação jurídica:

---

38. Frise-se que a gestação de substituição de útero também se mostra indicada para as famílias homoafetivas, conforme dispõe a Resolução nº 2.121/2015, do Conselho Federal de Medicina, o que acentua ainda mais, a nosso ver, a chancela da alteridade nesse instituto.

Art. 226. A família, base da sociedade, tem especial proteção do Estado.
[…]
§ 7º – Fundado nos princípios da dignidade da pessoa humana e da paternidade responsável, o planejamento familiar é livre decisão do casal, competindo ao Estado propiciar recursos educacionais e científicos para o exercício desse direito, vedada qualquer forma coercitiva por parte de instituições oficiais ou privadas.

Na ordem social de nossa Constituição Federal, a família ocupa lugar de primazia: nada é mais importante. Nessa perspectiva, o planejamento familiar é prerrogativa da família e dever do Estado. Não se pode negar o direito a *Outrem* que deseja ser mãe, seja por contraindicação, problema ou enfermidade.

Afora essa possibilidade, sobretudo diante da prática de comercialização da doação temporária do útero, tem sido firmado o entendimento de que a mãe biológica é a doadora temporária do útero, recriminando-se a prática da cessão do útero a título oneroso.

Ortotanásia e Testamento Vital

É importante distinguir a ortotanásia de outras figuras que lhe são correlatas, como a eutanásia, a distanásia e o suicídio assistido.

A eutanásia é a prática de um ato lesivo, em certas condições e circunstâncias, que irá conduzir à morte desejada pelo paciente terminal, como uma injeção letal ou o desligamento de aparelhos que o mantêm vivo[39]. Em nosso sistema jurídico, a eutanásia corresponde a um homicídio privilegiado, "cometido por motivo de relevante valor moral", o que é causa de atenuação da pena prevista inicialmente para o crime[40].

---

39. G.V. de França, *Direito Médico*, p. 466.
40. Brasil, *Código Penal (1941)*, Art. 65-III-a c.c. Art. 121-§1º. Cf. RTJSP, 41: 346 e TJPR: Acrim 189, PJ, 32: 201.

A distanásia, por seu turno, é a prática pela qual se continua, por meios artificiais, a vida de um enfermo incurável, submetido a um tratamento fútil[41].

No suicídio assistido está a hipótese de que a morte advém de ato praticado pelo paciente, orientado ou auxiliado por terceiro ou por médico[42]. No direito brasileiro, essa figura é tipificada como auxílio ao suicídio (Art. 122 do CP).

A ortotanásia, por fim, também chamada de eutanásia passiva, é caracterizada pela limitação ou suspensão do esforço terapêutico ou medicamentoso, ou seja, do tratamento ou dos procedimentos que estão prolongando a vida de um paciente terminal[43].

Atualmente a ortotanásia é regrada em nosso direito apenas pela Resolução n. 1.305/2006 do Conselho Federal de Medicina, que assim resolveu:

Art. 1º É permitido ao médico limitar ou suspender procedimentos e tratamentos que prolonguem a vida do doente em fase terminal, de enfermidade grave e incurável, respeitada a vontade da pessoa ou de seu representante legal.

§ 1º O médico tem a obrigação de esclarecer ao doente ou a seu representante legal as modalidades terapêuticas adequadas para cada situação.

[…]

§ 3º É assegurado ao doente ou a seu representante legal o direito de solicitar uma segunda opinião médica.

Art. 2º O doente continuará a receber todos os cuidados necessários para aliviar os sintomas que levam ao sofrimento, assegurada a assistência integral, o conforto físico, psíquico, social e espiritual, inclusive assegurando-lhe o direito da alta hospitalar.[44]

Não há legislação ordinária que tenha regulamentado a ortotanásia, embora ela seja uma realidade nos dias

---

41. G.V. de França, op. cit., p. 467.
42. M.H. Diniz, *O Estado Atual do Biodireito*, p. 393.
43. Ibidem, p. 466.
44. Ver a íntegra do texto infra, p. 113-119.

atuais[45]. Uma equivocada interpretação que prestigiasse a tendência sistemática de interpretação, imporia, necessariamente, a constatação de que a ortotanásia vulnera um dos bens mais valiosos para o nosso sistema: a vida humana.

Também não há uma norma similar ou costume que pudesse ser aplicado, conforme preceitua o Art. 4º da Lei de Introdução às Normas do Direito Brasileiro[46].

Abre-se, assim, uma vez mais, a oportunidade para os princípios gerais do direito que deve ser informado pelo *Rosto* do *Outrem*, aqui traduzido pelo paciente terminal; e o seu *Rosto* se apresenta para o necessário acolhimento e a hospitalidade de seus familiares, quando possível, porque há ocasiões que nem mesmo o *home care* irá dispensar o tratamento médico.

A ordem teratológica, nesse caso, atende, como um grito, uma palavra de ordem que não se cala: a dignidade da pessoa, na forma do Art. 1º, inciso III, da Constituição Federal.

Mas não é o tipo ou o destinatário de uma resolução que implicará, mediante a interpretação *autrement*, reconhecer a perfeita e incólume legitimidade da norma ou negócio jurídico.

É o caso, aqui, de lembrarmos do testamento vital que, a exemplo da substituição temporária do útero, somente

---

45. O anteprojeto do Código Penal, ainda em tramitação perante o Congresso Nacional, prevê, no § 2º, de seu Art. 122, a exclusão de ilicitude para a hipótese de ortotanásia (*Relatório Final do Anteprojeto do Código Penal*, disponível em: <http://www.ibccrim.org.br>).

46. É bem verdade que a Resolução n. 1.805/2006 do Conselho Federal de Medicina foi questionada judicialmente por meio da Ação Civil Pública, tombada sob o nº 2007.34.00.014809-3, movida pelo Ministério Público Federal, tendo o Juízo Federal da 14ª Vara Federal proferido em 1º de dezembro de 2010 sentença de improcedência, que não foi desafiada por qualquer recurso. Poder-se-ia sustentar, a esse respeito, que a eficácia da coisa julgada erga omnes produzida naqueles autos é o suficiente para entender positivado o instituto da ortotanásia em nosso sistema, sobretudo diante do que preceitua o art. 6º, da Lei de Introdução às Normas do Direito Brasileiro. Mas, à evidência, um tema que propõe a rediscussão das temáticas da dignidade da vida e da forma da morte transcende a necessidade de um debate em nosso Congresso Nacional.

está "legislado", em nosso direito, a partir de Resolução do Conselho Federal de Medicina.

Ele consiste basicamente numa declaração de vontade, assinada, por meio da qual o interessado e juridicamente capaz declara os tipos de tratamentos médicos que aceita ou rejeita, o que deve ser obedecido nos casos futuros ou iminentes em que esteja impossibilitado de manifestar livremente sua vontade, devido, por exemplo, a estar em coma.

Trata-se do consagrado *living will* do direito norte-americano[47].

Ao contrário dos testamentos em geral (atos jurídicos destinados à produção de efeitos *post mortem*), os testamentos vitais são dirigidos à eficácia jurídica antes da morte do interessado.

Na forma da Resolução n. 1995/2012, resolveu o Conselho Federal Medicina:

Art. 1º Definir diretivas antecipadas de vontade como o conjunto de desejos, prévia e expressamente manifestados pelo paciente, sobre cuidados e tratamentos que quer, ou não, receber no momento em que estiver incapacitado de expressar, livre e autonomamente, sua vontade.

Art. 2º Nas decisões sobre cuidados e tratamentos de pacientes que se encontram incapazes de comunicar-se, ou de expressar de maneira livre e independente suas vontades, o médico levará em consideração suas diretivas antecipadas de vontade.

§ 1º Caso o paciente tenha designado um representante para tal fim, suas informações serão levadas em consideração pelo médico.

§ 2º O médico deixará de levar em consideração as diretivas antecipadas de vontade do paciente ou representante que, em sua análise, estiverem em desacordo com os preceitos ditados pelo Código de Ética Médica.

§ 3º As diretivas antecipadas do paciente prevalecerão sobre qualquer outro parecer não médico, inclusive sobre os desejos dos familiares.[48]

---

47. Nesse sentido, o direito comparado uruguaio nos oferece a Ley nº 18.473/2009.

48. Ver a íntegra do texto infra, p. 120-121.

O paciente, autor do testamento vital, não é o *Outro* – mas o *Eu*, o que se dá em conjunto com a classe médica.

A interpretação que ora pode ser produzida em face dessa resolução dá conta de que, em verdade, em tal relação jurídica, os familiares são os *Outros* – e somente eles poderiam, pela ação de interdição, efetivar a tutela dos direitos da pessoa e de seu patrimônio, mas sequer deteriam qualquer poder de disposição de vida e morte de seu curatelado.

A impossibilidade de se conhecer a verdadeira vontade do paciente, temporariamente incapaz de manifestá-la durante a eficácia do testamento vital, é o maior paradoxo desse instituto e não se encontra nenhuma solução na resolução em tela. Quando a vontade foi transmitida por meio de um documento, conhecia-se a sua textura e caminhos. Mas ultrapassada a barreira da consciência, como ter certeza de que, a exemplo do que ordinariamente ocorre nos testamentos, a vontade do paciente não teria mudado? Esse Rosto do paciente, durante a eficácia do testamento vital, não é singular, mas plural. Quer nos parecer que esse instituto, ao menos no período relevante, ou seja, quando começa a produzir eficácia, não mais revela um Rosto singular, o paciente, mas um Rosto plural, que consiste, precipuamente, na vontade dos médicos e, algumas vezes, na dos familiares.

Direito à Identidade de Gênero: O Transexual

Trata-se de mais uma hipótese em que o legislador não teve a dignidade de legislar. Inexiste uma norma legal que a regulamente, limitando sua eficácia a um ato normativo do Conselho Federal de Medicina (Resolução n. 1.955/2010).

Teria o transexual o direito à identidade sexual tutelado pelo sistema jurídico, de maneira a lhe assegurar o tratamento terapêutico adequado, destinado a perder as características primárias e secundárias do próprio sexo e ganhar as do sexo oposto? E, ainda, terá o transexual direito à retificação de seu prenome?

A transexualidade é a condição sexual da pessoa que apresenta uma incompatibilidade entre o seu *Eu* biológico e o seu *Eu* psíquico, rejeitando, assim, sua identidade genética e a autonomia de seu gênero[49].

O Conselho Federal de Medicina, por meio da Resolução n. 1.955/2010, resolveu permitir a cirurgia de transgenitalização, atendidos os requisitos por ela exigidos.

O Art. 3º da Resolução n. 1.955/2010 do Conselho Federal de Medicina traça os seus caracteres elementares: a) desconforto anatômico natural; b) desejo expresso de eliminar os genitais, perder as características primárias e secundárias do próprio sexo e ganhar as do sexo oposto; c) permanência desses distúrbios de forma contínua e consistente por, no mínimo, dois anos; d) ausência de transtornos mentais. À primeira vista, poder-se-ia cogitar de sua incompatibilidade com o sistema jurídico em vigor, eis que, tratando-se de matéria atinente ao *estado* da pessoa, privativamente competiria à União Federal legislar sobre o tema[50].

Mas essa norma, ao revés, impõe uma estratégia de alteridade. É preciso entender que se trata de um desconforto que está sendo experimentado pelo transexual desde o seu nascimento, não se cuidando de um mero e infundado desejo de reversão sexual integral. Numa linguagem levinasiana, o transexual apenas se enxerga como o *Outro*.

Não se vislumbra em nosso sistema jurídico nenhuma norma jurídica que regulamente o direito do transexual, tampouco há uma norma que viabilize a analogia *legis*, pelo que a viabilidade, mais uma vez, recai sobre a integração da norma mediante um princípio geral do direito.

E qual seria o princípio geral de direito utilizado? Certamente, não faltaria algum operador do sistema jurídico que, na ponta da língua, de pronto responderia: o princípio da dignidade da pessoa[51].

Dignidade de quem?

49. M.H. Diniz, op. cit., p.284.
50. *Constituição Federal* (1988), Art. 22, inciso I.
51. Ibidem. Art. 1º, inciso III.

Ora, se a resposta for a do paciente, não se trataria de aplicar o princípio da dignidade, pois ela existe para o *Eu*, para o *Outro*, para *Nós*, mas se trataria de aplicar a alteridade que, em verdade, dá integral e satisfatório sentido para um dos maiores e mais importantes fundamentos do sistema jurídico brasileiro, a dignidade da pessoa.

A integração pela interpretação *autrement* do transexual pugna pela legitimidade e aplicabilidade da resolução analisada, na falta de legislação ordinária que pudesse regulamentar a situação de maneira satisfatória. O transexual, na cognição do operador do direito é, pois, o *Outro*, não havendo lugar para preconceitos e, muito menos, para a indiferença ao seu drama[52].

A Alteridade Para Além-do-Sistema Jurídico:
A Primazia do Outro Como Solução Integradora
a Lhe Outorgar Sentido a Partir da Vivência de Valores
e da Interação Com o Outro

A pessoa, sob a perspectiva do universo, não representa originalmente mais que uma entre inúmeras outras nervuras que formam o esplendor da vida[53] e dentro do contexto humano, não vive isolada. O exemplo utópico de Robinson na ilha deserta não interessa, em princípio, à ciência jurídica, até o momento em que se dá uma interação social fundamental: o encontro com o Sexta-Feira[54].

---

52. Há uma série de outros diplomas legislativos que estão assentados, efetivamente, na alteridade. Dentre recentes, é de se registrar, aqui, um dos mais relevantes da nova geração. Trata-se da Lei 13.146, de 6 de julho de 2015, intitulada Estatuto da Pessoa com Deficiência que, rompendo com o regime jurídico anterior, tem o deficiente como verdadeiro destinatário da proteção, fulminando com o rótulo de incapaz, trazendo regras e orientações para a promoção dos direitos e suas liberdades e objetivando, definitivamente, garantir ao deficiente a sua real inclusão social e cidadania.

53. P.T. de Chardin, *O Fenômeno Humano*, p. 355.

54. D. Defoe, *Robinson Crusoé*, p. 63.

Destarte, o estado social, entendido como a integração da pessoa em sociedade, qualifica e dá sentido à condição humana. Diversos são os fatores que impõem a sua integração no contexto social, tais como o instinto pela conservação da sua espécie e as exigências de segurança e proteção, o que não poderia ser assegurado no plano individual[55].

E uma vez instados ao convívio social, instaura-se o caos a partir dos conflitos individuais, resultantes do choque de interesses, sobretudo pela tentativa de imposição do *Eu* sobre os demais. Particularmente, a história da humanidade nos oferece inúmeros exemplos de sobreposição do *Eu* em detrimento de *Outrem* ou em busca do *Meu* ou do *Nosso*. Daí decorre a noção de que o direito nasce para regular a vida social e, em especial, assegurar os interesses de cada pessoa na sociedade. Cada um aspira um bem, material ou não, e, como a pessoa está voltada ao estado social (à sociedade), vive uma incessante procura pelo bem desejado, isto é, por tudo aquilo que representa um meio para satisfazer os fins inerentes à sua qualidade humana[56].

Nessa perspectiva de estado social, a pessoa acaba compreendendo a necessidade racional de respeitar a todos simplesmente *por ser pessoa*. Miguel Reale, ao refletir sobre os fundamentos do fenômeno jurídico, ensaia uma exterioridade do Ser: "o direito não é posto pelo 'Eu puro', mas surge quando se estabelece uma relação de pessoa a pessoa, entre o *ego* e o *alter* e é alcançada a noção integrante: nós"[57].

O discurso levinasiano da ética é quase captado pelas especulações de Reale, a não ser pela conclusão de que a noção integrante, o resultado de *pessoa a pessoa*, compõe o *Nós*. Para Lévinas, o absolutamente *Outro* é alguém que não faz plural com o *Eu*[58].

É que, em verdade, a permanente preocupação de Lévinas reside em resguardar que o homem e a mulher sejam

---

55. P.M.S. Martínez, *Filosofia do Direito*, p. 46.
56. M. Reale, *Fundamentos do Direito*, p. 306.
57. Ibidem, p. 308.
58. E. Lévinas, *Totalidade e Infinito*, p. 75.

sempre humanos, o que se daria de maneira transcendental, observada uma linguagem que não se polariza em fone-
mas, nem melodias, ritmos ou significações, mas que faz
irradiar a epifania do *Outro*. Nesse contexto, destacamos
que o maior legado epistemológico deixado por Lévinas
foi a alteridade, que inicia o *Rosto* do *Outro* e desencadeia
a humanização do *Eu,* que vive em função do *Outro*[59].

O sentido da ética para Lévinas é algo complexo para
implementar, mas muito simples de entender: ser responsável pelo *Outro*, acolhendo-o, faz com que o *Eu* jamais se
desvirtue de sua natureza humana.

Em todas as hipóteses analisadas no item anterior, seja
as que configuraram interpretação teratológica, ou as que
traduziram integração da norma jurídica, há uma essência
em comum, marcadamente humana, mas que não decorre,
originariamente, do estado social, posto que, como visto, é
inerente à condição humana.

As hipóteses em que a interpretação teratológica e a integração da norma jurídica triunfaram (ambas pelo viés da alteridade) se justificam pela argumentação de que o direito não é
uma relação do *Eu*, mas que exige para a sua perfeita tradução,
uma relação de *pessoa a pessoa* conforme preconizado por
Reale[60] ou, numa dimensão levinasiana, uma relação marcada
pela intencionalidade da *face a face*, fazendo eclodir a única e
consistente fonte das relações humanas: *o Outro*.

Bem por isso, a interpretação *autrement* faz repensar
não somente a hermenêutica ou os meios de integração
da norma jurídica, mas, sobretudo, as fontes do direito:
norma jurídica, costumes, jurisprudência, doutrina, princípios gerais do direito, pois nenhuma delas se revela mais
consistente que o *Outro*, especialmente porque, na cadeia
de produção de todos esses meios pelos quais o direito se
revela, o *Outro* sempre assume – ou deveria assumir – a

---

59. J.A. da Costa, Direitos Humanos Como Reconhecimento da Alteridade no Pensamento de Emmanuel Lévinas, em M. Fabri et al. (orgs.),
Alteridade e Ética, p. 214.

60. M. Reale, *Fundamentos do Direito*, p. 306.

condição de verdadeiro ícone e protagonista da realidade social. A verdadeira fonte do estado social e, pois, do direito é o *Outro*. À luz da alteridade, as fontes do direito não passam de *referenciais instrumentais* em relação ao *Outro*.

Nesse cenário, concluímos com Lévinas que os direitos das pessoas são, em verdade, *direitos dos Outros*[61], o que permite compreendermos definitivamente um dos fundamentos mais importantes do sistema jurídico brasileiro: a dignidade da pessoa[62]. Com coerência, a expressão *dignidade da pessoa* implica uma relação *de pessoa a pessoa* e somente pode ter sentido e, portanto, efeitos na órbita jurídica, se o intérprete se valer da alteridade.

Não basta ao intérprete do sistema jurídico buscar uma solução integradora, sem prestigiar o fio condutor de sua investigação científica. Por isso é imprescindível inverter o eixo do pensamento jurídico, deslocá-lo do *Eu* ou do *Nós* para, privilegiando a ética da alteridade, ter como ponto de partida (e de chegada) o *Outro*.

Mas nem por isso poder-se-ia cogitar invalidar a interpretação que prestigia a alteridade e acolhe o *Outro*, na perspectiva do sistema aberto aqui propugnado, que atende aos atributos de a) *ordem*, no sentido de adequação, b) *unidade*, no sentido de padronização e c) *alteridade*, numa acepção de acolhimento incondicional do *Outro*, já que os atributos estão em conformidade com a Constituição, tal qual a alteridade.

O preâmbulo da Constituição Federal, explicitamente anuncia a perspectiva da alteridade no ordenamento jurídico brasileiro ao indicar que o exercício dos direitos sociais e individuais – a liberdade, a segurança, o bem-estar, o desenvolvimento, a igualdade e a justiça – são valores supremos de uma *sociedade fraterna, pluralista e sem preconceitos*.

Com efeito, a interpretação que privilegia o *Outro* sempre se amolda às relações humanas do *face a face* e se

---

61. E. Lévinas, *Entre Nós*, p. 264.
62. Brasil, *Constituição Federal* (1988) Art. 1º, inciso III.

subsume aos contornos de uma sociedade fraterna, pluralista e sem preconceitos que, num discurso levinasiano, se convola em uma sociedade solidária e acolhedora, que reconhece a presença do *Outro* e que com ele deve ser responsável e hospitaleiro.

Isso corrobora o nosso entendimento de que somente há sentido para o fundamento da *dignidade da pessoa* pelo viés da alteridade. E não é diferente para os demais direitos que compõem o sistema jurídico, tais como os civis, sociais, direitos e garantias individuais e coletivas e outros que tenham como sua essência uma relação humana, de pessoa a pessoa, fazendo irromper a fonte maior do direito: *o Outro*.

No entanto, tal realidade ainda não acontece consciente e concretamente. Dos julgados objetos de investigação pela interpretação *autrement*, nenhum deles trouxe a alteridade como seu fundamento. Em todos houve um esforço hermenêutico ímpar para superar as amarras do próprio sistema jurídico que faz cegar as coisas mais simples e, pois, a verdadeira essência de toda a relação humana.

O intérprete do sistema normativo precisa captar a epistemologia da ética da alteridade por meio de uma *direção* e de um *sentido*.

É preciso manter o sistema jurídico aberto, o que permitirá ao seu intérprete se movimentar além-do-sistema, para captar a realidade e absorver todas as variáveis e evoluções dos valores que nos são mais importantes e vitais, sobretudo o da Justiça (que para nós, neste trabalho, assume a personificação do Infinito).

Mas este movimento tem um sentido que lhe dá validade no sistema jurídico: o *Outro*, que consiste no verdadeiro e genuíno titular de todos os direitos e que poderia, neste trabalho, ser revelado como *humanidade*.

A responsabilidade para com o *Outro* nada tem a ver com a fria exigência jurídica do dever de reparar[63]. É a conduta do *Eu* para com o *Outro* que constituirá a essência de

---

63. E. Lévinas, *Entre Nós*, p. 238.

um sistema jurídico consistente e fará superar todas as limitações egoísticas e individualistas do homem para atingir um ser humano essencialmente verdadeiro, mais fraterno e solidário, enfim, mais justo.

O *Rosto* é o começo da inteligibilidade. É a partir da responsabilidade que devemos ter por ele, quando ao lado dele abordamos um *Terceiro*, que surge a necessidade de outorgar o mesmo e incondicional acolhimento que temos com o *Outro* para esse *Terceiro*[64]. Esse desenvolvimento também respeita a lei da assimetria: somos responsáveis pelo *Outro*, ou pelo *Terceiro*, independentemente de qualquer contrapartida na mesma intensidade.

Esse acolhimento, que deve ser interpretado como a conduta ética que deve permear o relacionamento intersubjetivo, tem seu fundamento máximo no amor ao próximo[65], o que também serve de embasamento para a formação da Justiça, que aqui retratamos como o Infinito, sempre aparecendo a partir do *Rosto*, a partir da responsabilidade com o *Outro*[66].

---

64. Ibidem, p. 143.

65. Ibidem. Lévinas adverte, a propósito, que algumas relações humanas são desprovidas do conteúdo ético, como a política, a guerra e a violência, pois são situações que se opõem, naturalmente, à moral (*Totalidade e Infinito*, p. 8).

66. A este respeito, as comparações realizadas por Karl Jaspers de Sócrates, Buda, Confúcio e Jesus, a respeito do amor ao próximo, sobretudo ao inimigo: "A exigência radical do amor ao inimigo encontra-se somente em Jesus. A exigência da retribuição da inimizade com o bem também se encontra em Lao-Tse. Confúcio, no entanto, rejeita a exigência de Lao-Tse. Pelo contrário: 'Pagar o bem com o bem, a inimizade com a Justiça. Sócrates diz (no Críton); "Responder com o mal, quando o mal nos acontece, é injusto. Aquele a quem aconteceu a injustiça não deverá cometê-la de novo. Por muito que tenhamos de sofrer por causa de alguém, não devemos fazê-lo pagar com o sofrimento ce uma injustiça, nem infligir-lhe mal, não devemos defender-nos com a retaliação do mal." Sócrates sabe que essa exigência é absolutamente invulgar, e afirma: Para os apoiantes dessa crença e os seus opositores não existe qualquer entendimento mútuo, mas, inevitavelmente, apenas desprezo recíproco'. Buda ensina o amor universal que não opõe qualquer resistência ao mal, que tudo tolera com uma indulgência infinita e pratica o bem para com todos os seres vivos" (*Os Mestres da Humanidade,* p. 151).

Como vivemos num mundo em que milhares de interesses se escondem atrás dos inúmeros *Rostos*, não há dúvidas que o imperativo da ordem da justiça deverá regrar os limites da responsabilidade do *Eu* para com o *Outro*, o *Terceiro* e assim por diante.

Nessa perspectiva, um sistema jurídico complexo, que nasceu a partir das relações humanas – entre tantos *Rostos* – deve, necessariamente, privilegiar, nas suas relações de ordem, a alteridade proposta a partir do discurso ético de Lévinas, mediante a integral e assimétrica responsabilidade do *Eu* para com o *Outro* e para com o *Terceiro*.

Com isso, será atingida uma inusitada dimensão em nossa ciência jurídica que primará, a partir da solidariedade, da fraternidade e da hospitalidade para com o *Outro*, o viver em valores chancelados pela sociedade. Daí falarmos em além-do-sistema, isto é o Infinito – aqui por nós concebido como a Justiça.

Mais que uma solução integradora para superar as dificuldades contemporâneas e, pois, as deficiências que um sistema jurídico pode oferecer, a alteridade e o primado da ética levinasiana traduzem um verdadeiro sentido para o sistema jurídico. Ela lhe oferece a validade de que necessita, pois sempre estará apto a informar a realidade e atualizar os conceitos da verdade e da justiça, uma vez que sempre se movimentará em relação ao *Outro* – a fonte que revela todos os demais direitos que envolvem as relações humanas –, retratado, neste trabalho, como a própria *humanidade*.

DA CRISE DA HUMANIDADE À JUSTIÇA:
UM CAMINHO PELO *OUTRO*

A humanidade experimentou uma de suas piores crises no século XX, cujas atrocidades nos remetem a uma única expressão que poderia sintetizar esse século sangrento, como também anunciar o que se poderá esperar do século XXI: a desumanização, marcada por conflitos, guerras, o Holocausto, atentados e outros incidentes responsáveis por dizimar milhares de vidas.

A crise da humanidade não foi exclusividade da Europa ou da América do Norte. O Brasil também testemunhou, ao longo do século XX, acontecimentos que ceifaram a vida e a liberdade de muitos brasileiros, como, por exemplo, a Era Vargas, marcada pela ditadura do Estado Novo no final dos anos 1930, e início dos 40 e, posteriormente, o golpe militar de 1964.

Embora as causas de todos esses conflitos sejam várias, é possível constatar um signo comum: a concepção individualista da sociedade, a qual faz acentuar o lado eminentemente prático, egoístico e individualista do homem.

Produto cultural da humanidade, o sistema jurídico também padece de similar conflito, com a agravante de que não estaria apto a satisfatoriamente superar suas deficiências, ora legislativas, ora interpretativas, de maneira a revelar soluções para questões *des-humanas* que nos causam pavor, medo e angústia.

O sistema jurídico é fruto da atividade intelectual e cultural do jurista e sua concepção é mais ampla que a de ordenamento jurídico, que pressupõe um agrupamento de normas, emanadas de autoridades competentes e vigorantes no Estado.

Para Emil Lask, o sistema jurídico não se resume com o sistema normativo, e também abrange outras ciências afins, tais como a ciência do direito, a teoria social do direito, a antropologia jurídica e a hermenêutica jurídica.

Para compreender o sistema de Lask, é imprescindível um elemento conceitual teórico e um "viver" fora dos muros da ciência do direito, reconhecimento de uma vivência externa.

Não se vislumbra, no sistema de Lask, hierarquia ou regras de escalonamento, tampouco uma norma hipotética kelseneana (que sequer é norma, sendo, a bem da verdade, mero requisito do pensamento). Ao revés, a importância do sistema idealizado pela genialidade de Lask repousa na constante atualização do sistema jurídico por meio de regras autorizadoras da vontade que estabelecem a validade de uma norma a partir de uma comunidade jurídica.

Mais relevante para o nosso raciocínio é que o sistema de Lask, num "viver em valores", isto é, com atitudes relacionadas com a *Outra* pessoa perante as normas, sem o que não se poderia falar na validade das normas que sequer foram reconhecidas pela comunidade. É exatamente esse viés do sistema jurídico de Lask que nos permite dialogar com o discurso ético levinasiano.

Emmanuel Lévinas recebeu influência de três ordens: *literária*, impulsionada pela leitura dos grandes clássicos russos, com ênfase para Dostoiévski que marcará, para sempre, seus trabalhos; *religiosa*, a partir da tenra idade (seis anos), estudava a *Torá*; e *filosófica*, com especial destaque para Bergson, Husserl e Heidegger. Além disso, a bagagem *histórica* de Lévinas, sobretudo o cárcere por ocasião da segunda grande guerra, também se mostrará decisiva na formação desse grande pensador.

A fenomenologia será o veículo que movimentará a farta filosofia de Lévinas. Ao longo de mais de sessenta anos dedicados à reflexão, várias categorias levinasianas ficaram marcadas na história da filosofia: *Il y a*; o *Mesmo*; o *Outro*; a alteridade; a ética como filosofia primeira; o *Rosto*; a responsabilidade com o *Outro* e com o *Terceiro*; a exterioridade do além-do-ser; o reconhecimento; a hospitalidade; o amor; a vontade; o tempo; a morte; Deus; liberdade; fraternidade; bondade; paz; justiça.

O pensamento levinasiano, embora complexo, movimenta-se por um fio condutor: a ética, como filosofia primeira. Ele ousadamente inverte o eixo do pensamento filosófico na seara da ontologia, introduzindo a alteridade a partir do pensar *autrement*, isto é, priorizando, definitivamente, o *Outro*, em detrimento do *Eu*.

É exatamente essa a perspectiva que se busca dialogar com a noção sistêmica de Lask, a partir de um sistema jurídico aberto, aqui compreendido como aquele que legitima a inserção de um ou mais elementos que naturalmente lhe são estranhos e que não pertence ao seu feixe estrutural. Mas, nem por isso, será preciso modificar suas regras estruturais quando um elemento que lhe é estranho for anexado ao sistema jurídico.

Constata-se que se trata da concepção ideal de sistema, especialmente porque, dinâmico, deve sempre possibilitar a atualização e o acréscimo de regras jurídicas, está aberto para cotejar e lapidar as novas realidades e valores de uma sociedade pujante, revela e absorve as concepções voláteis da verdade e da justiça.

Ora, se todo o sistema jurídico se destina à realização de um valor de justiça, fato incontestável é que a abertura do sistema pode fomentar a indefinição e a insegurança, porquanto lhe faltaria a necessária precisão.

Com o objetivo de outorgar a efetiva precisão ao sistema jurídico, propôs-se que a alteridade, na forma teorizada na filosofia levinasiana, seja relacionada, ao lado da ordem e da unidade – elementos comuns à formação de um sistema – o que propiciaria ao sistema jurídico uma perfeita direção e adequação. Ao inserir a alteridade como elemento comum à formação do sistema jurídico, decorrerá, naturalmente, a interpretação teratológica fundada no viés da alteridade e a integração jurídica que prestigie o princípio geral da alteridade.

É possível constatar uma série de exemplos na jurisprudência contemporânea de nossos tribunais – malgrado não haver expressa indicação como fundamento de suas decisões a partir da hermenêutica da alteridade – sobre os resultados práticos da alteridade, privilegiando, destarte, a pessoa do *Outro* e, por sua grande importância, sobreleva destacar o julgamento da ADI 3 510, mediante a relatoria do ministro Ayres Brito e maioria de votos do Supremo Tribunal Federal, ao chancelar a constitucionalidade do Art. 5º da Lei 11.105/2005, que permite a pesquisa com células-tronco embrionárias, a partir de embriões inviáveis ou congelados há mais de três anos, frutos de reprodução assistida, para fins de clonagem terapêutica

A pesquisa científica foi privilegiada. Mas é exatamente o *Outro*, aqui revelado por qualquer pessoa que necessite de tratamento com células-tronco embrionárias para reconstituir órgãos, tecidos ou qualquer outra enfermidade que, dada a sua especificidade ou natureza, não seja viável o transplante de órgãos.

A atividade do jurista, enfim, sempre é produtiva – nunca meramente contemplativa. Não basta limitar-se à interpretação sistemática – ou qualquer outra das clássicas modulações de interpretação – se não permitir que o intérprete possa ir além-do-sistema para trazer a solução que se espera da ciência jurídica.

O estado social, assim entendido como a integração da pessoa em sociedade, qualifica e dá sentido à condição humana. Em meio à vivência no estado social, as pessoas acabam por compreender a necessidade racional de respeitar toda pessoa simplesmente por ser pessoa.

E assim é que o direito surge quando se estabelece uma relação de pessoa a pessoa, entre o *ego* e o *alter ego*, entre o *Eu* e o *Outro*. Trata-se de uma relação marcada pela intencionalidade da *face a face*, fazendo eclodir a única e consistente fonte das relações humanas: o *Outro*.

A hermenêutica *autrement* repensa não somente a hermenêutica tradicional, mas sobretudo as fontes do direito, pois nenhuma delas se revela mais consistente que o *Outro*, especialmente porque, na cadeia de produção de todos os meios pelos quais o direito se revela, o *Outro* sempre assume – ou deveria assumir – a condição de verdadeiro ícone e protagonista da realidade social.

Os direitos das pessoas, nesse contexto, são genuinamente *direitos dos outros*, daí depreendermos que a alteridade adjetiva e qualifica as relações e os institutos jurídicos, tal como ocorre com a dignidade da pessoa, que ganha perfeito sentido quando usa a interpretação *autrement*.

Nem há que se argumentar, aqui, que o presente discurso infringe a ordem jurídica. É a Constituição Federal que explicita a perspectiva da alteridade em nosso sistema, ao usar um preâmbulo que indica que o exercício dos direitos sociais e individuais, a liberdade, a segurança, o bem-estar, o desenvolvimento, a igualdade e a justiça são valores supremos de uma *sociedade fraterna, pluralista e sem preconceitos*.

O acolhimento de Lévinas ao *Outro*, fomentando uma responsabilidade assimétrica por ele, é inspirador em todos os aspectos, sobretudo porque, ao assim agirmos, deixamos de ser *desumanos*, egoístas e individualistas, para tornar-mos, concreta e verdadeiramente humanos.

Pensar no *Outro* certamente nos fará seres mais humanos, mais solidários, mais fraternos e mais justos.

Como não estamos sós no contexto de nossas vidas, além do *Outro*, que se apresenta pela significação do *Rosto*, há muitos *Outros*, que assim poderíamos conceber como *terceiros*, decorrendo daí o imperativo da ordem da justiça, que deverá regrar os limites da responsabilidade do *Eu* para com o *Outro*, para com o *terceiro* e assim por diante. Nessa ordem de ideias, um sistema jurídico complexo constituído de relações humanas e em meio a tantos *Rostos*, deverá privilegiar incondicionalmente a alteridade, mediante a integral e assimétrica responsabilidade do *Eu* para com o *Outro* e para com o *Terceiro*.

Tudo isto traduz um verdadeiro sentido para o sistema jurídico, de maneira a lhe possibilitar uma nova concepção que não se encontra restrita a um modelo concebido no contexto de ordens coercitivas do *Eu*, dando ao sistema jurídico, portanto, a validade que ele necessita, pois sempre estará apto a informar a realidade e atualizar os seus reflexos nos diversos institutos jurídicos, uma vez que sempre se movimentará na direção da fonte que revela todos os direitos que envolvem as relações humanas, rumo ao Infinito, que aqui encontra a verdadeira significação tratada neste trabalho: a Justiça.

BIBLIOGRAFIA

Obras de Emmanuel Lévinas

Transcendência e Inteligibilidade. Trad. Jose Freire Colaço. Lisboa: Edições 70, 1991.

Descobrindo a Existência com Husserl e Heidegger. Trad. Fernanda Oliveira. Lisboa: Instituto Piaget, 1997.

Da Existência ao Existente. Trad. Paul Albert Simon e Ligia Maria de Castro Simon. Campinas: Papirus, 1998.

Do Sagrado ao Santo: Cinco Novas Interpretações Talmúdicas. Trad. Marcos de Castro. Rio de Janeiro: Civilização Brasileira, 2001.

Novas Interpretações Talmúdicas. Trad. Marcos de Castro. Rio de Janeiro: Civilização Brasileira, 2002.

Deus, a Morte e o Tempo. Trad. Fernanda Bernardo. Coimbra: Almedina, 2003.

Quatro Leituras Talmúdicas. São Paulo: Perspectiva, 2003.

Entre Nós: Ensaios Sobre a Alteridade. Trad. Pergentino Stefano Pivatto, Evaldo Antônio Kuaiva, José Nedel, Luiz Pedro Wagner e Marcelo Luiz Pelizolli. Petrópolis: Vozes, 2004.

Los Imprevistos de la Historia. Trad. Tania Checci. Salamanca: Sígueme, 2006.

De la Existência al Existente. Trad. Patricio Peñalver. 2.ed. Madrid: Arena Libros, 2006.

Ética e Infinito. Trad. João Gama Lisboa: Edições 70, 2007.

Totalidade e Infinito: Ensaio Sobre a Exterioridade. Trad. José Pinto Ribeiro. Lisboa: Edições 70, 2008.

De Deus que Vem à Ideia. Trad. Pergentino Stefano Pivatto, Marcelo Fabri, Marcelo Luiz Pelizzoli, Evaldo Antônio Kuiava. Petrópolis: Vozes, 2008.

Nombres Propios: Agnon, Buner, Celan, Delhomme, Derrida, Jabès, Kierkegaard, Lacroix, Laoporte, Picard, Proust, Van Breda, Wahl. Trad. Carlos Diáz. Salamanca: Encuentro, 2008.

De Outro Modo que Ser o Más Allá de la Esencia. Trad. Antonio Pintor Ramos. 5. ed. Salamanca: Ediciones Sígueme, 2011.

Humanismo do Outro Homem. Trad. Pergentino Stefano Pivatto, Anisio Meinerz, Jussemar da Silva, Luiz Pedro Wagner e Marcelo Luiz Pelizzoli. 4. ed. Petrópolis: Vozes, 2012.

Geral

ATALIBA, Geraldo. *Propedêutica Jurídica*. In: ATALIBA, Geraldo (coord.), *Elementos de Direito Tributário*. São Paulo: Revista dos Tribunais, 1978.

BARNES, Jonathan. *Filósofos Pré-Socráticos*. Trad. Julio Fischer. São Paulo: Martins Fontes, 2003.

BAUMAN, Zygmunt. *Bauman Sobre Bauman: Diálogos Com Keith Tester*. Trad. Carlos Alberto Medeiros. Rio de Janeiro: Zahar, 2011.

BECK, Ulrich. *La Sociedad del Riesgo: Hacia una Nueva Modernidad*. Trad. Jorge Navarro, Daniel Jiménez e Maria Rosa Borrás. Barcelona: Paidós, 2002.

BOBBIO, Norberto. *Teoria do Ordenamento Jurídico*. Trad. Cláudio de Cicco e Maria Celeste Cordeiro Leite dos Santos. Brasília: Polis/UnB, 1989.

____. *O Tempo da Memória: De Senectute e Outros Escritos Autobiográficos*. Rio de Janeiro: Campus, 1997.

BONAVIDES, Paulo. *Curso de Direito Constitucional*. São Paulo: Malheiros, 2006.

BRASIL. *Anteprojeto do Código Penal* (Relatório Final). Disponível em: <http://www.ibccrim.org.br>. Acesso em: 22 jan. 2013

CANARIS, Claus-Wilhelm. *Pensamento Sistemático e Conceito de Sistema na Ciência do Direito*. Trad. António Manuel da Rocha e Menezes Cordeiro. Lisboa: Fundação Colouste Gulbenkian, 2002.

CANOTILHO, José Joaquim Gomes. *Direito Constitucional e Teoria da Constituição*. Coimbra: Livraria Almedina, 2003.

CARRARA, Ozanan Vicente. *Lévinas: Do Sujeito Ético ao Sujeito Político: Elementos Para Pensar a Política Outramente*. Aparecida: Ideias & Letras, 2010.

CHALIER, Catherine. *Lévinas: A Utopia do Humano*. Trad. António Hall. Lisboa: Instituto Piaget, 1996.

CHARDIN, Pierre Teilhard de. *O Fenômeno Humano*. Trad. José Luiz Archanjo. São Paulo: Cultrix, 2008.

CINTRA, Benedito E. Leite. *Pensar Com Emmanuel Lévinas*. São Paulo: Paulus, 2009.

COSTA, José André da. Direitos Humanos Como Reconhecimento da Alteridade no Pensamento de Emmanuel Lévinas. In: FABRI, Marcelo et al. (orgs.). *Alteridade e Ética: Obra Comemorativa dos 100 Anos de Nascimento de Emmanuel Lévinas*. Porto Alegre: EDIPUC-RS, 2008.

COSTA, Márcio Luis. *Lévinas: Uma Introdução*. Trad. J. Thomaz Filho. Petrópolis: Vozes, 2000.

CRITCHLEY, Simon. Emmanuel Levinas: A Disparate Inventory. In: CRITCHLEY, Simon; BERNASCONI, Robert (orgs.). *The Cambridge Companion to Levinas*. Cambridge: Cambridge University Press, 2002.

DEFOE, Daniel. *Robinson Crusoé*. Trad. Márcia Kupstas. São Paulo: FTD, 2003.

DERRIDA, Jacques. *Adeus a Emmanuel Lévinas*. Trad. Fábio Landa, com colaboração de Eva Landa. São Paulo: Perspectiva, 2008.

_____. *A Escritura e a Diferença*. Trad. Maria Beatriz Marques Nizza da Silva. 4. ed. São Paulo: Perspectiva, 2011,

DINIZ, Maria Helena. *Compêndio de Introdução à Ciência do Direito*. 17. ed. São Paulo: Saraiva, 2005.

_____. *O Estado Atual do Biodireito*. 7. ed. São Paulo: Saraiva, 2010.

DOSTOIÉVSKI, Fiódor. *Os Irmãos Karamázov*. Trad. Paulo Bezerra. 3. ed. São Paulo: Editora 34, 2012.

DOUEK, Sybil Safdie. *Paul Ricoeur e Emmanuel Lévinas: Um Elegante Desacordo...* São Paulo: Loyola, 2011.

FABRI, Marcelo et al. *Alteridade e Ética: Obra Comemorativa dos 100 anos de nascimento de Emmanuel Lévinas*. Porto Alegre: EDIPUC-RS, 2008.

FABRI, Marcelo et al.. Éticas em Diálogo: Lévinas e o Pensamento Contemporâneo: Questões e Interfaces. Porto Alegre: EDIPUC-RS, 2003.

FERRAZ JUNIOR, Tercio Sampaio. *Introdução ao Estudo do Direito: Técnica, Decisão, Dominação*. 4. ed. São Paulo: Atlas, 2003.

_____. *Conceito de Sistema no Direito: Uma Investigação Histórica a Partir da Obra Jusfilosófica de Emil Lask*. São Paulo: USP/Revista dos Tribunais, 1976.

_____. Sistema Jurídico e Teoria Geral dos Sistemas. In: AASP. *Apostila do Curso de Extensão Universitária Promovido pela Associação dos Advogados de São Paulo*. São Paulo, mar. 1973.

FRANÇA, Genival Veloso de. *Direito Médico*. 10.ed. Rio de Janeiro: Forense Universitária, 2010.

FROSINI, Vittorio. *Teoría de la Interpretación Jurídica*. Trad. Jaime Restrepo. Bogotá: Editorial Temis, 1991.

GALVÃO, Ramiz. *Vocabulário Etimológico, Ortográfico e Prosódico das Palavras Portuguesas Derivadas da Língua Grega*. Fac-símile 1. ed. 1909. Belo Horizonte/Rio de Janeiro: Livraria Garnier, 1994.

GIRGUS, Sam. *Lévinas and the Cinema of Redemption: Time, Ethics, and the Feminine*. New York: Columbia University Press, 2010.

GUERRA FILHO, Willis Santiago. *A Filosofia do Direito*. 2. ed. São Paulo: Atlas, 2002.

_____. *Processo Constitucional e Direitos Fundamentais*. 4. ed. São Paulo: RCS, 2005.

HOBSBAWM, Eric. *Era dos Extremos: O Breve Século XX. 1914-1991*. 10. ed. São Paulo: Companhia das Letras, 2008.

HUSSERL, Edmund. *A Crise da Humanidade Europeia e a Filosofia*. Trad. Urbano Zilles. 4. ed. Porto Alegre: EDIPUC-RS, 2012.

_____. *A Crise das Ciências Europeias e a Fenomenologia Transcendental: Uma Introdução à Filosofia Fenomenológica*. Trad. Diogo Falcão Ferrer. Rio de Janeiro: Forense Universitária, 2012.

HUTCHENS, Benjamin. *Compreender Lévinas*. Trad. Vera Lúcia Mello Joscelyne. Petrópolis: Vozes, 2007.

JASPERS, Karl. *Iniciação Filosófica*. Trad. Manuela Pinto dos Santos. Lisboa: Guimarães, 1987.

_____. *Os Mestres da Humanidade: Sócrates, Buda, Confúcio, Jesus*. Trad. Jorge Telles de Menezes. Coimbra: Almedina, 2003.

KELSEN, Hans. *Teoria Pura do Direito*. Trad. João Baptista Machado. 2. ed. Coimbra: Arménio Amado, 1962.

KIRK, Geoffrey et al. (orgs.). *Os Filósofos Pré-Socráticos*. Trad. Carlos Alberto Louro da Fonseca. 6. ed. Lisboa: Fundação Calouste Gulbenkian, 2008.

LARENZ, Karl. *Metodologia da Ciência do Direito*. Trad. José Lamego. 3.ed. Lisboa: Fundação Calouste Gulbenkian, 1997.

LASK, Emil. *Filosofía Jurídica*. Trad. Roberto Goldschmidt. Buenos Aires/Montevidéu: B de F, 2008.

LORENZETTO, Bruno Meneses; KOZICKI, Katya. O Conceito de Justiça para Derrida e para Lévinas. *Matrizes dos Conceitos de Justiça*. São Paulo: Letras Jurídicas, 2010.

LOSANO, Mario. *Sistema e Estrutura no Direito*. Trad. Carlos Alberto Dastoli. São Paulo: Martins Fontes, 2010, 3 v.

MARTÍNEZ, Pedro Mário Soares. *Filosofia do Direito*. 3. ed. Coimbra: Almedina, 2003.

MARTOS, Andrés Alonso. *Emmanuel Lévinas: La Filosofía como Ética*. Valencia: PUV, 2008.

MAXIMILIANO, Carlos. *Hermenêutica e Aplicação do Direito*. 19. ed. Rio de Janeiro: Forense, 2006.

MELO, Nélio Vieira de. *A Ética da Alteridade em Emmanuel Lévinas*. Porto Alegre: Instituto Salesiano de Filosofia/EDIPUC-RS, 2003.

MÉNARD, René. *Mitologia Greco-Romana*. v. 3. Trad. Aldo Della Nina. 2. ed. São Paulo: Opus, 1991.

MONCADA, Luis Cabral de. Prefácio. *In*: RADBRUCH, Gustav. *Filosofia do Direito*. Trad. Marle Holzhausen e Sérgio Sérvulo da Cunha. 2. ed. São Paulo: Martins Fontes.

PELIZZOLI, Marcelo Luiz. *A Relação ao Outro em Husserl e Lévinas*. Porto Alegre: EDIPUC-RS, 1994.

_____. *Lévinas: A Reconstrução da Subjetividade*. Porto Alegre: EDIPUC-RS, 2002.

POIRIÉ, François. *Emmanuel Lévinas: Ensaio e Entrevistas*. Trad. Jacó Guinsburg, Marcio Honorio de Godoy e Thiago Blumenthal. São Paulo: Perspectiva, 2007.

REALE, Miguel. *Fundamentos do Direito*. 3. ed. Fac-símile 2. ed. São Paulo: Revista dos Tribunais, 1998.

_____. *Lições Preliminares de Direito*. 27. ed. São Paulo: Saraiva, 2004.

_____. *Filosofia do Direito*. 20. ed. São Paulo: Saraiva, 2009.

RICKERT, Henrich. *Ciencia Cultural y Ciencia Natural*. Trad. Manuel G. Morente. Buenos Aires: Espasa-Calpe, 1943.

RICOEUR, Paul. *Outramente: Leitura do Livro Autrement quĕtre ou au-delà de l'essence de Emmanuel Lévinas*. 2. ed. Trad. Pergentino Stefano Privatto. Petrópolis: Vozes, 2008.

SAMONÀ, Leonardo. *Diferencia y Alteridad: Después del Estructuralismo: Derrida y Lévinas*. Trad. Mercedes Sarabia. Madrid: Editorial Akal, 2005.

SEBBAH, François-David. *Lévinas*. Trad. Guilherme João de Freitas Teixeira. São Paulo: Estação Liberdade, 2009.

SOUZA, Ricardo Timm de, Lévinas. In: PECORARO, Rossano (org.). *Os Filósofos: Clássicos da Filosofia*. v. 3. Petrópolis: Vozes; Rio de Janeiro: PUC-Rio, 2009.

_____. *As Fontes do Humanismo Latino: A Condição Humana no Pensamento Filosófico Contemporâneo*. v. 2. Porto Alegre: EDIPUC-RS, 2004.

STRECK, Lenio Luiz. *Hermenêutica Jurídica e(m) Crise: Uma Exploração Hermenêutica da Construção do Direito*. 6. ed. Porto Alegre: Livraria do Advogado, 2005.

URABAYEN, Julia. *Las Raíces del Humanismo de Levinas: El Judaísmo y la Fenomenología*. Navarra: Eunsa, 2005.

VECCHIO, Giorgio del. *A Justiça*. Trad. António Pinto de Carvalho e pref. de Clóvis Beviláqua. São Paulo: Saraiva, 1960.

_____. *Lições de Filosofia do Direito*. Trad. António José Brandão. v. 1. 3.ed. Coimbra: Arménio Amado, 1959.

WIEACKER, Franz. *História do Direito Privado Moderno*. Trad. Botelho Espanha. 2. ed. Lisboa: Fundação Calouste Gulbenkian, 1993.

WILKINSON, Philip; PHILIP, Neil. *Mitologia*. Trad. Áurea Akemi. 2. ed. Rio de Janeiro: Jorge Zahar, 2010.

Artigos de Periódicos

BALTAZAR, Thiago; SOUZA, Felipe. Motorista que Atropelou Ciclista na Av. Paulista Teria Jogado o Braço em Rio. *Folha de São Paulo*, 10 mar. 2013. Disponível em: <http://www1.folha.uol.com.br>. Acesso em 10 mar. 2013.

CANCIAN, Natália. Leilão de Virgindade de Brasileira Termina com Lance de R$ 1,5 Mi.. *Folha de São Paulo*, 26 set. 2012. Disponível em: <http://www1.folha.uol.com.br>. Acesso em: 30 nov. 2012.

CARVALHO, Lucila Lang Patriani de. A Extensão da Ética Como Filosofia Primeira Para Emmanuel Lévinas. *Revista Humanidades em Diálogo*. v. III, n. 1, nov. 2009.

ENTINI, Carlos Eduardo. Carandiru: A Profecia Que se Concretizou. *O Estado de S. Paulo*, 28 set. 2012. Disponível em: <http://acervo.estadao.com.br>. Acesso em: 30 nov. 2012.

FERRAZ JUNIOR, Tercio Sampaio. Concepção de Sistema Jurídico no Pensamento de Emil Lask. *Revista Brasileira de Filosofia*. São Paulo, v. XXVI, n. 103, jul.-set.1976.

FRANCO, Bernardo et al. Cardeal Brasileiro Inspirou Novo Papa a Escolher Nome de Francisco. *Folha de S. Paulo*, 16 mar. 2013. Disponível em: <http://www1.folha.uol.com.br>. Acesso em: 14 ago. 2015.

LUMLEY, Tom; TEMPLETON, Tom. 9/11 in Numbers. *The Observer*, 18 ago. 2002, disponível em: <http://www.guardian.co.uk>. Acesso em 21 nov. 2012.

NEVES, Alfredo Castanheira. A Crise Actual da Filosofia do Direito no Contexto da Crise Global da Filosofia: Tópicos Para a Possibilidade de uma Reabilitação. *Stvdia Ivridica*, Coimbra, n. 72, 2003.

Páginas da Web

SHADA, Shayna. *Dates and Deaths of the Holocaust.* Disponível em: <http://library.thinkquest.org>. Acesso em 21 nov. 2012.

WHITE, Matthew. *Source List and Detailed Death Tools for the Primary Megadeaths of the Twentieth Century*. Disponível em :<http://necrometrics.com>. Acesso em: 14 ago. 2015.

ANEXOS

Resolução CFM *nº 1.805/2006*
(Publicada no D.O.U., 28 nov. 2006, Seção I, pg. 169)

Na fase terminal de enfermidades graves e incuráveis é permitido ao médico limitar ou suspender procedimentos e tratamentos que prolonguem a vida do doente, garantindo-lhe os cuidados necessários para aliviar os sintomas que levam ao sofrimento, na perspectiva de uma assistência integral, respeitada a vontade do paciente ou de seu representante legal.

O Conselho Federal de Medicina, no uso das atribuições conferidas pela Lei nº 3.268, de 30 de setembro de 1957, alterada pela Lei nº 11.000, de 15 de dezembro de 2004, regulamentada pelo Decreto nº 44.045, de 19 de julho de 1958, e

CONSIDERANDO que os Conselhos de Medicina são ao mesmo tempo julgadores e disciplinadores da classe médica, cabendo-lhes zelar e trabalhar, por todos os meios ao seu alcance, pelo perfeito desempenho ético da Medicina e pelo prestígio e bom conceito da profissão e dos que a exerçam legalmente;

CONSIDERANDO o Art. 1º, inciso III, da Constituição Federal, que elegeu o princípio da dignidade da pessoa humana como um dos fundamentos da República Federativa do Brasil;

CONSIDERANDO o Art. 5º, inciso III, da Constituição Federal, que estabelece que "ninguém será submetido a tortura nem a tratamento desumano ou degradante";

CONSIDERANDO que cabe ao médico zelar pelo bem-estar dos pacientes;

CONSIDERANDO que o Art. 1° da Resolução CFM n° 1.493, de 20.5.98, determina ao diretor clínico adotar as providências cabíveis para que todo paciente hospitalizado tenha o seu médico assistente responsável, desde a internação até a alta;

CONSIDERANDO que incumbe ao médico diagnosticar o doente como portador de enfermidade em fase terminal;

CONSIDERANDO, finalmente, o decidido em reunião plenária de 9/11/2006,

RESOLVE:

Art. 1º É permitido ao médico limitar ou suspender procedimentos e tratamentos que prolonguem a vida do doente em fase terminal, de enfermidade grave e incurável, respeitada a vontade da pessoa ou de seu representante legal.

§ *1º* O médico tem a obrigação de esclarecer ao doente ou a seu representante legal as modalidades terapêuticas adequadas para cada situação.

§ *2º* A decisão referida no *caput* deve ser fundamentada e registrada no prontuário.

§ *3º* É assegurado ao doente ou a seu representante legal o direito de solicitar uma segunda opinião médica.

Art. 2º O doente continuará a receber todos os cuidados necessários para aliviar os sintomas que levam ao sofrimento, assegurada a assistência integral, o conforto físico, psíquico, social e espiritual, inclusive assegurando--lhe o direito da alta hospitalar.

Art. 3º Esta resolução entra em vigor na data de sua publicação, revogando-se as disposições em contrário.

Brasília, 9 de novembro de 2006.

EDSON DE OLIVEIRA ANDRADE
Presidente

LÍVIA BARROS GARÇÃO
Secretária-Geral

Exposição de Motivos

A medicina atual vive um momento de busca de sensato equilíbrio na relação médico-enfermo. A ética médica tradicional, concebida no modelo hipocrático, tem forte acento paternalista. Ao enfermo cabe, simplesmente, obediência às decisões médicas, tal qual uma criança deve cumprir sem questionar as ordens paternas. Assim, até a primeira metade do século XX, qualquer ato médico era julgado levando-se em conta apenas a moralidade do agente, desconsiderando-se os valores e crenças dos enfermos. Somente a partir da década de [19]60 os códigos de ética profissional passaram a reconhecer o doente como agente autônomo.

À mesma época, a medicina passou a incorporar, com muita rapidez, um impressionante avanço tecnológico. Unidades de Terapia Intensiva (UTIs) e novas metodologias criadas para aferir e controlar as variáveis vitais ofereceram aos profissionais a possibilidade de adiar o momento da morte. Se no início do século XX o tempo estimado para o desenlace após a instalação de enfermidade grave era de cinco dias, ao seu final era dez vezes maior. Tamanho é o arsenal tecnológico hoje disponível que não é descabido dizer que se torna quase impossível morrer sem a anuência do médico.

Bernard Lown, em seu livro *A Arte Perdida de Curar,* afirma: "As escolas de medicina e o estágio nos hospitais os preparam (os futuros médicos) para tornarem-se oficiais-maiores da ciência e gerentes de biotecnologias complexas. Muito pouco se ensina sobre a arte de ser médico. Os médicos aprendem pouquíssimo a lidar com a morte. A realidade mais fundamental é que houve uma revolução biotecnológica que possibilita o prolongamento interminável do morrer".

O poder de intervenção do médico cresceu enormemente, sem que, simultaneamente, ocorresse uma reflexão sobre o impacto dessa nova realidade na qualidade de vida dos enfermos. Seria ocioso comentar os benefícios auferidos com as novas metodologias diagnósticas e terapêuticas. Incontáveis são as vidas salvas em situações críticas, como, por exemplo, os enfermos recuperados após infarto agudo do miocárdio e/ou enfermidades com graves distúrbios hemodinâmicos que foram resgatados plenamente saudáveis por meio de engenhosos procedimentos terapêuticos.

Ocorre que nossas UTIS passaram a receber, também, enfermos portadores de doenças crônico-degenerativas incuráveis, com intercorrências clínicas as mais diversas e que são contemplados com os mesmos cuidados oferecidos aos agudamente enfermos. Se para os últimos, com frequência, pode-se alcançar plena recuperação, para os crônicos pouco se oferece além de um sobreviver precário e, às vezes, não mais que vegetativo. É importante ressaltar que muitos enfermos, vítimas de doenças agudas, podem evoluir com irreversibilidade do quadro. Somos expostos à dúvida sobre o real significado da vida e da morte. Até quando avançar nos procedimentos de suporte vital? Em que momento parar e, sobretudo, guiados por que modelos de moralidade?

Aprendemos muito sobre tecnologia de ponta e pouco sobre o significado ético da vida e da morte. Um trabalho publicado em 1995, no *Archives of Internal Medicine,* mostrou que apenas cinco de cento e vinte e seis escolas de medicina norte-americanas ofereciam ensinamentos sobre a terminalidade humana. Apenas vinte e seis dos sete mil e quarenta e oito programas de residência médica tratavam do tema em reuniões científicas.

Despreparados para a questão, passamos a praticar uma medicina que subestima o conforto do enfermo com doença incurável em fase terminal, impondo-lhe longa e sofrida agonia. Adiamos a morte às custas de insensato e prolongado sofrimento para o doente e sua família.

A terminalidade da vida é uma condição diagnosticada pelo médico diante de um enfermo com doença grave e incurável; portanto, entende-se que existe uma doença em fase terminal, e não um doente terminal. Nesse caso, a prioridade passa a ser a pessoa doente e não mais o tratamento da doença.

As evidências parecem demonstrar que esquecemos o ensinamento clássico que reconhece como função do médico *"curar às vezes, aliviar muito frequentemente e confortar sempre"*. Deixamos de cuidar da pessoa doente e nos empenhamos em tratar a doença da pessoa, desconhecendo que nossa missão primacial deve ser a busca do bem-estar físico e emocional do enfermo, já que todo ser humano sempre será uma complexa realidade biopsicossocial e espiritual.

A obsessão de manter a vida biológica a qualquer custo nos conduz à obstinação diagnóstica e terapêutica. Alguns, alegando ser a vida um bem sagrado, por nada se afastam da determinação de tudo fazer enquanto restar um débil "sopro de vida". Um documento da Igreja Católica, datado de maio de 1995, assim considera a questão: *"Distinta da eutanásia é a decisão de renunciar ao chamado excesso terapêutico, ou seja, a certas intervenções médicas já inadequadas à situação real do doente, porque não proporcionais aos resultados que se poderiam esperar ou ainda porque demasiado gravosas para ele e para a sua família.*

Nestas situações, quando a morte se anuncia iminente e inevitável, pode-se em consciência renunciar a tratamentos que dariam somente um prolongamento precário e penoso da vida".

Inevitavelmente, cada vida humana chega ao seu final. Assegurar que essa passagem ocorra de forma digna, com cuidados e buscando-se o menor sofrimento possível, é missão daqueles que assistem aos enfermos portadores de doenças em fase terminal. Um grave dilema ético hoje apresentado aos profissionais de saúde se refere a quando *não* utilizar toda a tecnologia disponível. Jean Robert Debray, em seu livro *L'acharnement thérapeutique*, assim conceitua a obstinação terapêutica: *"Comportamento médico que consiste em utilizar procedimentos terapêuticos cujos efeitos são mais nocivos do que o próprio mal a ser curado. Inúteis, pois a cura é impossível e os benefícios esperados são menores que os inconvenientes provocados".* Essa batalha fútil, travada em nome do caráter sagrado da vida, parece negar a própria vida humana naquilo que ela tem de mais essencial: a dignidade.

No Brasil, há muito o que fazer com relação à terminalidade da vida. Devem ser incentivados debates, com a sociedade e com os profissionais da área da saúde, sobre a finitude do ser humano. É importante que se ensine aos estudantes e aos médicos, tanto na graduação quanto na pós-graduação e nos cursos de aperfeiçoamento e de atualização, as limitações dos sistemas prognósticos; como utilizá-los; como encaminhar as decisões sobre a mudança da modalidade de tratamento curativo para a de cuidados paliativos; como reconhecer e tratar a dor; como reconhecer e tratar os outros sintomas que causam desconforto e sofrimento aos enfermos; o respeito às preferências individuais e às diferenças culturais e religiosas dos enfermos e seus familiares e o estímulo à participação dos familiares nas decisões sobre a terminalidade da vida. Ressalte-se que as escolas médicas moldam profissionais com esmerada preparação técnica e nenhuma ênfase humanística.

O médico é aquele que detém a maior responsabilidade da "cura" e, portanto, o que tem o maior sentimento de fracasso perante a morte do enfermo sob os seus cuidados. Contudo, nós, médicos, devemos ter em mente que o entusiasmo por uma possibilidade técnica não nos pode impedir de aceitar a morte de um doente. E devemos ter maturidade suficiente para pesar qual modalidade de tratamento será a mais adequada. Deveremos, ainda, considerar a eficácia do tratamento pretendido, seus riscos em potencial e as preferências do enfermo e/ou de seu representante legal.

Diante dessas afirmações, torna-se importante que a sociedade tome conhecimento de que certas decisões terapêuticas poderão apenas prolongar o sofrimento do ser humano até o momento de sua morte, sendo imprescindível que médicos, enfermos e familiares, que possuem diferentes interpretações e percepções morais de uma mesma situação, venham a debater sobre a terminalidade humana e sobre o processo do morrer.

Torna-se vital que o médico reconheça a importância da necessidade da mudança do enfoque terapêutico diante de um enfermo portador de doença em fase terminal, para o qual a Organização Mundial da Saúde preconiza que sejam adotados os cuidados paliativos, ou seja, uma abordagem voltada para a qualidade de vida tanto dos pacientes quanto de seus familiares frente a problemas associados a doenças que põem em risco a vida. A atuação busca a prevenção e o alívio do sofrimento, através do reconhecimento precoce, de uma avaliação precisa e criteriosa e do tratamento da dor e de outros sintomas, sejam de natureza física, psicossocial ou espiritual.

Resolução CFM nº 1.995/2012
(Publicada no D.O.U. de 31 de agosto de 2012, Seção I, p.269-70)

> *Dispõe sobre as diretivas antecipadas de vontade dos pacientes.*

O CONSELHO FEDERAL DE MEDICINA, no uso das atribuições conferidas pela Lei nº 3.268, de 30 de setembro de 1957, regulamentada pelo Decreto nº 44.045, de 19 de julho de 1958, e pela Lei nº 11.000, de 15 de dezembro de 2004, e

CONSIDERANDO a necessidade, bem como a inexistência de regulamentação sobre diretivas antecipadas de vontade do paciente no contexto da ética médica brasileira;

CONSIDERANDO a necessidade de disciplinar a conduta do médico em face das mesmas;

CONSIDERANDO a atual relevância da questão da autonomia do paciente no contexto da relação médico-paciente, bem como sua interface com as diretivas antecipadas de vontade;

CONSIDERANDO que, na prática profissional, os médicos podem defrontar-se com esta situação de ordem ética ainda não prevista nos atuais dispositivos éticos nacionais;

CONSIDERANDO que os novos recursos tecnológicos permitem a adoção de medidas desproporcionais que prolongam o sofrimento do paciente em estado terminal, sem trazer benefícios, e que essas medidas podem ter sido antecipadamente rejeitadas pelo mesmo;

CONSIDERANDO o decidido em reunião plenária de 9 de agosto de 2012,

RESOLVE:

Art. 1º Definir diretivas antecipadas de vontade como o conjunto de desejos, prévia e expressamente manifestados pelo paciente, sobre cuidados e tratamentos que quer, ou não, receber no momento em que estiver incapacitado de expressar, livre e autonomamente, sua vontade.

Art. 2º Nas decisões sobre cuidados e tratamentos de pacientes que se encontram incapazes de comunicar-se, ou de expressar de maneira livre e independente suas vontades, o médico levará em consideração suas diretivas antecipadas de vontade.

§ 1º Caso o paciente tenha designado um representante para tal fim, suas informações serão levadas em consideração pelo médico.

§ 2º O médico deixará de levar em consideração as diretivas antecipadas de vontade do paciente ou representante que, em sua análise, estiverem em desacordo com os preceitos ditados pelo Código de Ética Médica.

§ 3º As diretivas antecipadas do paciente prevalecerão sobre qualquer outro parecer não médico, inclusive sobre os desejos dos familiares.

§ 4º O médico registrará, no prontuário, as diretivas antecipadas de vontade que lhes foram diretamente comunicadas pelo paciente.

§ 5º Não sendo conhecidas as diretivas antecipadas de vontade do paciente, nem havendo representante designado, familiares disponíveis ou falta de consenso entre estes, o médico recorrerá ao Comitê de Bioética da instituição, caso exista, ou, na falta deste, à Comissão de Ética Médica do hospital ou ao Conselho Regional e Federal de Medicina para fundamentar sua decisão sobre conflitos éticos, quando entender esta medida necessária e conveniente.

Art. 3º Esta resolução entra em vigor na data de sua publicação.

Brasília-DF, 9 de agosto de 2012

ROBERTO LUIZ D'AVILA
Presidente

HENRIQUE BATISTA E SILVA
Secretário-geral

Exposição de Motivos da Resolução CFM nº 1.995/12

A Câmara Técnica de Bioética do Conselho Federal de Medicina, considerando, por um lado, que o tema diretivas antecipadas de vontade situa-se no âmbito da autonomia do paciente e, por outro, que este conceito não foi inserido no Código de Ética Médica brasileiro recentemente aprovado, entendeu por oportuno, neste momento, encaminhar ao Conselho Federal de Medicina as justificativas de elaboração e a sugestão redacional de uma resolução regulamentando o assunto.

Esta versão contém as sugestões colhidas durante o 1 Encontro Nacional dos Conselhos de Medicina de 2012. Justificativas

1) Dificuldade de comunicação do paciente em fim de vida

Um aspecto relevante no contexto do final da vida do paciente, quando são adotadas decisões médicas cruciais a seu respeito, consiste na incapacidade de comunicação que afeta 95% dos pacientes (D'Amico *et al*, 2009). Neste contexto, as decisões médicas sobre seu atendimento são adotadas com a participação de outras pessoas que podem desconhecer suas vontades e, em consequência, desrespeitá-las.

2) Receptividade dos médicos às diretivas antecipadas de vontade

Pesquisas internacionais apontam que aproximadamente 90% dos médicos atenderiam às vontades antecipadas do paciente no momento em que este se encontre incapaz para participar da decisão (Simón-Lorda, 2008; Marco e Shears, 2006).

No Brasil, estudo realizado no Estado de Santa Catarina, mostra este índice não difere muito. Uma pesquisa entre médicos, advogados e estudantes apontou que 61% levariam em consideração as vontades antecipadas do paciente, mesmo tendo a ortotanásia como opção (Piccini *et al*, 2011). Outra pesquisa, também recente (Stolz *et al*, 2011), apontou que, em uma escala de 0 a 10, o respeito às vontades antecipadas do paciente atingiu média 8,26 (moda 10). Tais resultados, embora bastante limitados do ponto de vista da amostra, sinalizam para a ampla aceitação das vontades antecipadas do paciente por parte dos médicos brasileiros.

3) Receptividade dos pacientes

Não foram encontrados trabalhos disponíveis sobre a aceitação dos pacientes quanto às diretivas antecipadas de vontade em nosso país. No entanto, muitos pacientes consideram bem-vinda a oportunidade de discutir antecipadamente suas vontades sobre cuidados e tratamentos a serem adotados, ou não, em fim de vida, bem como a elaboração de documento sobre diretivas antecipadas (in: Marco e Shears, 2006).

4) O que dizem os códigos de ética da Espanha, Itália e Portugal

Diz o artigo 34 do Código de Ética Médica italiano: "Il medico, se il paziente non è in grado di esprimere la propria volontà in caso di grave pericolo di vita, non può non tener conto di quanto precedentemente manifestato dallo stesso" (O médico, se o paciente não está em condições de manifestar sua própria vontade em caso de grave risco de vida, não pode deixar de levar em conta aquilo que foi previamente manifestado pelo mesmo – *traduzimos*). Desta forma, o código italiano introduziu aos médicos o dever ético de respeito às vontades antecipadas de seus pacientes.

Diz o artigo 27 do Código de Ética Médica espanhol: "[…] Y cuando su estado no le permita tomar decisiones, el médico tendrá en consideración y valorará las indicaciones anteriores hechas por el paciente y la opinión de las personas vinculadas responsables". Portanto, da mesma forma que o italiano, o código espanhol introduz, de maneira simples e objetiva, as diretivas antecipadas de vontade no contexto da ética médica.

O recente Código de Ética Médica português diz em seu artigo 46: "4. A actuação dos médicos deve ter sempre como finalidade a defesa dos melhores interesses dos doentes, com especial cuidado relativamente aos doentes incapazes de comunicarem a sua opinião, entendendo-se como melhor interesse do doente a decisão que este tomaria de forma livre e esclarecida caso o pudesse fazer". No parágrafo seguinte diz que o médico poderá investigar estas vontades por meio de representantes e familiares.

Deste modo, os três códigos inseriram, de forma simplificada, o dever de o médico respeitar as diretivas antecipadas do paciente, inclusive verbais.

5) Comitês de Bioética

Por diversos motivos relacionados a conflitos morais ou pela falta do representante ou de conhecimento sobre as diretivas antecipadas do paciente, o médico pode apelar ao Comitê de Bioética da instituição, segundo previsto por Beauchamps e Childress (2002, p. 275). Os Comitês de Bioética podem ser envolvidos, sem caráter deliberativo, em muitas decisões de fim de vida (Marco e Shears, 2006; Savulescu; 2006; Salomon; 2006; Berlando; 2008; Pantilat e Isaac; 2008; D'Amico; 2009; Dunn, 2009; Luce e White, 2009; Rondeau *et al*, 2009; Siegel; 2009). No entanto, embora possa constar de maneira genérica esta possibilidade, os Comitês de Bioética são raríssimos em nosso país. Porém, grandes hospitais possuem este órgão e este aspecto precisa ser contemplado na resolução.

CARLOS VITAL TAVARES CORRÊA LIMA
Relator

Resolução CFM nº 2.121/2015
(Publicada no D.O.U., 24 set. 2015, Seção I, pg. 117)

> *Adota as normas éticas para a utilização das técnicas de reprodução assistida – sempre em defesa do aperfeiçoamento das práticas e da observância aos princípios éticos e bioéticos que ajudarão a trazer maior segurança e eficácia a tratamentos e procedimentos médicos – tornando-se o dispositivo deontológico a ser seguido pelos médicos brasileiros e revogando a Resolução CFM nº 2.013/13, publicada no D.O.U. de 9 de maio de 2013, Seção I, p. 119.*

O CONSELHO FEDERAL DE MEDICINA, no uso das atribuições conferidas pela Lei no 3.268, de 30 de setembro de 1957, alterada pela Lei no 11.000, de 15 de dezembro de 2004, regulamentada pelo Decreto no 44.045, de 19 de julho de 1958, e pelo Decreto no 6.821, de 14 de abril de 2009, e

CONSIDERANDO a infertilidade humana como um problema de saúde, com implicações médicas e psicológicas, e a legitimidade do anseio de superá-la;

CONSIDERANDO que o avanço do conhecimento científico já permite solucionar vários casos de problemas de reprodução humana;

CONSIDERANDO que o pleno do Supremo Tribunal Federal, na sessão de julgamento de 5 de maio de 2011, reconheceu e qualificou como entidade familiar a união estável homoafetiva (ADI 4.277 e ADPF 132);

CONSIDERANDO a necessidade de harmonizar o uso dessas técnicas com os princípios da ética médica;

CONSIDERANDO, finalmente, o decidido na sessão plenária do Conselho Federal de Medicina realizada em de 16 de julho de 2015,

RESOLVE:

Art. 1º Adotar as normas éticas para a utilização das técnicas de reprodução assistida, anexas à presente resolução, como dispositivo deontológico a ser seguido pelos médicos.

Art. 2º Revogar a Resolução CFM nº 2.013/2013, publicada no D.O.U. de 9 de maio de 2013, Seção I, p. 119 e demais disposições em contrário.

Art. 3º Esta resolução entra em vigor na data de sua publicação.

Brasília, 16 de julho de 2015.

CARLOS VITAL TAVARES CORRÊA LIMA
Presidente

HENRIQUE BATISTA E SILVA

Secretário-geral

Normas Éticas Para a Utilização das Técnicas de Reprodução Assistida

I – PRINCÍPIOS GERAIS

1. As técnicas de reprodução assistida (RA) têm o papel de auxiliar na resolução dos problemas de reprodução humana, facilitando o processo de procriação.

2. As técnicas de RA podem ser utilizadas desde que exista probabilidade de sucesso e não se incorra em risco grave de saúde para o(a) paciente ou o possível descendente, sendo a idade máxima das candidatas à gestação de RA de 50 anos.

3. As exceções ao limite de 50 anos para participação do procedimento serão determinadas, com fundamentos técnicos e científicos, pelo médico responsável e após esclarecimento quanto aos riscos envolvidos.

4. O consentimento livre e esclarecido informado será obrigatório para todos os pacientes submetidos às técnicas de reprodução assistida. Os aspectos médicos envolvendo a totalidade das circunstâncias da aplicação de uma técnica de RA serão detalhadamente expostos, bem como os resultados obtidos naquela unidade de tratamento com a técnica proposta. As informações devem também atingir

dados de caráter biológico, jurídico e ético. O documento de consentimento livre e esclarecido informado será elaborado em formulário especial e estará completo com a concordância, por escrito, obtida a partir de discussão bilateral entre as pessoas envolvidas nas técnicas de reprodução assistida.

5. As técnicas de RA não podem ser aplicadas com a intenção de selecionar o sexo (presença ou ausência de cromossomo Y) ou qualquer outra característica biológica do futuro filho, exceto quando se trate de evitar doenças do filho que venha a nascer.

6. É proibida a fecundação de oócitos humanos com qualquer outra finalidade que não a procriação humana.

7. O número máximo de oócitos e embriões a serem transferidos para a receptora não pode ser superior a quatro. Quanto ao número de embriões a serem transferidos, fazem-se as seguintes determinações de acordo com a idade: a) mulheres até 35 anos: até 2 embriões; b) mulheres entre 36 e 39 anos: até 3 embriões; c) mulheres com 40 anos ou mais: até 4 embriões; d) nas situações de doação de óvulos e embriões, considera-se a idade da doadora no momento da coleta dos óvulos.

8. Em caso de gravidez múltipla, decorrente do uso de técnicas de RA, é proibida a utilização de procedimentos que visem a redução embrionária.

II – PACIENTES DAS TÉCNICAS DE RA

1. Todas as pessoas capazes, que tenham solicitado o procedimento e cuja indicação não se afaste dos limites desta resolução, podem ser receptoras das técnicas de RA desde que os participantes estejam de inteiro acordo e devidamente esclarecidos, conforme legislação vigente.

2. É permitido o uso das técnicas de RA para relacionamentos homoafetivos e pessoas solteiras, respeitado o direito a objeção de consciência por parte do médico.

3. É permitida a gestação compartilhada em união homoafetiva feminina em que não exista infertilidade.

III – REFERENTE ÀS CLÍNICAS, CENTROS OU SERVIÇOS QUE APLICAM TÉCNICAS DE RA

As clínicas, centros ou serviços que aplicam técnicas de RA são responsáveis pelo controle de doenças infectocontagiosas, pela coleta, pelo manuseio, pela conservação, pela distribuição, pela transferência e pelo descarte de material biológico humano para o(a) paciente de técnicas de RA. Devem apresentar como requisitos mínimos:

1. Um diretor técnico – obrigatoriamente, um médico registrado no Conselho Regional de Medicina de sua jurisdição – com registro de especialista em áreas de interface com a RA, que será responsável por todos os procedimentos médicos e laboratoriais executados;

2. Um registro permanente (obtido por meio de informações observadas ou relatadas por fonte competente) das gestações, dos nascimentos e das malformações de fetos ou recém-nascidos, provenientes das diferentes técnicas de RA aplicadas na unidade em apreço, bem como dos procedimentos laboratoriais na manipulação de gametas e embriões;

3. Um registro permanente das provas diagnósticas a que é submetido o(a) paciente, com a finalidade precípua de evitar a transmissão de doenças;

4. Os registros deverão estar disponíveis para fiscalização dos Conselhos Regionais de Medicina.

IV – DOAÇÃO DE GAMETAS OU EMBRIÕES

1. A doação não poderá ter caráter lucrativo ou comercial.

2. Os doadores não devem conhecer a identidade dos receptores e vice-versa.

3. A idade limite para a doação de gametas é de 35 anos para a mulher e de 50 anos para o homem.

4. Será mantido, obrigatoriamente, o sigilo sobre a identidade dos doadores de gametas e embriões, bem como dos receptores. Em situações especiais, informações sobre os doadores, por motivação médica, podem ser fornecidas exclusivamente para médicos, resguardando-se a identidade civil do(a) doador(a).

5. As clínicas, centros ou serviços onde é feita a doação devem manter, de forma permanente, um registro com dados clínicos de caráter geral, características fenotípicas e uma amostra de material celular dos doadores, de acordo com legislação vigente.

6. Na região de localização da unidade, o registro dos nascimentos evitará que um(a) doador(a) tenha produzido mais de duas gestações de crianças de sexos diferentes em uma área de um milhão de habitantes.

7. A escolha dos doadores é de responsabilidade do médico assistente. Dentro do possível, deverá garantir que o(a) doador(a) tenha a maior semelhança fenotípica e a máxima possibilidade de compatibilidade com a receptora.

8. Não será permitido aos médicos, funcionários e demais integrantes da equipe multidisciplinar das clínicas, unidades ou serviços, participarem como doadores nos programas de RA.

9. É permitida a doação voluntária de gametas masculinos, bem como a situação identificada como doação compartilhada de oócitos em RA, em que doadora e receptora,

participando como portadoras de problemas de reprodução, compartilham tanto do material biológico quanto dos custos financeiros que envolvem o procedimento de RA. A doadora tem preferência sobre o material biológico que será produzido.

V – CRIOPRESERVAÇÃO DE GAMETAS OU EMBRIÕES

1. As clínicas, centros ou serviços podem criopreservar espermatozoides, óvulos, embriões e tecidos gonádicos.

2. O número total de embriões gerados em laboratório será comunicado aos pacientes para que decidam quantos embriões serão transferidos *a fresco*. Os excedentes, viáveis, devem ser criopreservados.

3. No momento da criopreservação, os pacientes devem expressar sua vontade, por escrito, quanto ao destino a ser dado aos embriões criopreservados em caso de divórcio, doenças graves ou falecimento, de um deles ou de ambos, e quando desejam doá-los.

4. Os embriões criopreservados com mais de cinco anos poderão ser descartados se esta for a vontade dos pacientes. A utilização dos embriões em pesquisas de células-tronco não é obrigatória, conforme previsto na Lei de Biossegurança.

VI – DIAGNÓSTICO GENÉTICO PRÉ-IMPLANTAÇÃO DE EMBRIÕES

1. As técnicas de RA podem ser utilizadas aplicadas à seleção de embriões submetidos a diagnóstico de alterações genéticas causadoras de doenças – podendo nesses casos serem doados para pesquisa ou descartados.

2. As técnicas de RA também podem ser utilizadas para tipagem do sistema HLA do embrião, no intuito de selecionar embriões HLA-compatíveis com algum(a) filho(a) do

casal já afetado pela doença e cujo tratamento efetivo seja o transplante de células-tronco, de acordo com a legislação vigente.

3. O tempo máximo de desenvolvimento de embriões *in vitro* será de 14 dias.

VII – SOBRE A GESTAÇÃO DE SUBSTITUIÇÃO (DOAÇÃO TEMPORÁRIA DO ÚTERO)

As clínicas, centros ou serviços de reprodução assistida podem usar técnicas de RA para criarem a situação identificada como gestação de substituição, desde que exista um problema médico que impeça ou contraindique a gestação na doadora genética ou em caso de união homoafetiva.

1. As doadoras temporárias do útero devem pertencer à família de um dos parceiros em parentesco consanguíneo até o quarto grau (primeiro grau – mãe; segundo grau – irmã/avó; terceiro grau – tia; quarto grau – prima). Demais casos estão sujeitos à autorização do Conselho Regional de Medicina.

2. A doação temporária do útero não poderá ter caráter lucrativo ou comercial.

3. Nas clínicas de reprodução assistida, os seguintes documentos e observações deverão constar no prontuário do paciente:

3.1. Termo de consentimento livre e esclarecido informado assinado pelos pacientes e pela doadora temporária do útero, contemplando aspectos biopsicossociais e riscos envolvidos no ciclo gravídico-puerperal, bem como aspectos legais da filiação;

3.2. Relatório médico com o perfil psicológico, atestando adequação clínica e emocional de todos os envolvidos;

3.3. Termo de Compromisso entre os pacientes e a doadora temporária do útero (que receberá o embrião em seu útero), estabelecendo claramente a questão da filiação da criança;

3.4. Garantia, por parte dos pacientes contratantes de serviços de RA, de tratamento e acompanhamento médico, inclusive por equipes multidisciplinares, se necessário, à mãe que doará temporariamente o útero, até o puerpério;

3.5. Garantia do registro civil da criança pelos pacientes (pais genéticos), devendo esta documentação ser providenciada durante a gravidez;

3.6. Aprovação do cônjuge ou companheiro, apresentada por escrito se a doadora temporária do útero for casada ou vive em união estável.

VIII – REPRODUÇÃO ASSISTIDA *POST-MORTEM*

É permitida a reprodução assistida *post-mortem* desde que haja autorização prévia específica do(a) falecido(a) para o uso do material biológico criopreservado, de acordo com a legislação vigente.

IX – DISPOSIÇÃO FINAL

Casos de exceção, não previstos nesta resolução, dependerão da autorização do Conselho Federal de Medicina.

Exposição de Motivos da Resolução CFM nº 2.121/2015

No Brasil, até a presente data, não há legislação específica a respeito da reprodução assistida (RA). Tramitam no Congresso Nacional, há anos, diversos projetos a respeito do assunto, mas nenhum deles chegou a termo.

O Conselho Federal de Medicina (CFM) age sempre em defesa do aperfeiçoamento das práticas e da obediência aos princípios éticos e bioéticos, que ajudarão a trazer maior segurança e eficácia a tratamentos e procedimentos médicos.

Manter a limitação da idade das candidatas à gestação de RA até 50 anos foi primordial, com o objetivo de preservar a saúde da mulher, que poderá ter uma série de complicações no período gravídico, de acordo com a medicina baseada em evidências.

Os aspectos médicos envolvendo a totalidade das circunstâncias da aplicação da reprodução assistida foram detalhadamente expostos nesta revisão realizada pela Comissão de Revisão da Resolução CFM nº 2.013/13, em conjunto com representantes da Sociedade Brasileira de Reprodução Assistida, da Federação Brasileira das Sociedades de Ginecologia e Obstetrícia e da Sociedade Brasileira de Reprodução Humana e Sociedade Brasileira de Genética Médica, sob a coordenação do conselheiro federal José Hiran da Silva Gallo.

Esta é a visão da comissão formada que trazemos à consideração do plenário do Conselho Federal de Medicina.

Brasília-DF, 16 de julho de 2015.

JOSÉ HIRAN DA SILVA GALLO
Coordenador da Comissão de Revisão da Resolução CFM nº 2.013/13 – Reprodução Assistida

Resolução CFM nº 1.955/2010
(Publicada no D.O.U. 3 set. 2010, Seção I, p. 109-110)

> *Dispõe sobre a cirurgia de transgenitalismo e revoga a Resolução* CFM *nº 1.652/02.*

O CONSELHO FEDERAL DE MEDICINA, no uso das atribuições conferidas pela Lei nº 3.268, de 30 de setembro de 1957, regulamentada pelo Decreto nº 44.045, de 19 de julho de 1958, e

CONSIDERANDO a competência normativa conferida pelo artigo 2º da Resolução CFM nº 1.246/88, publicada no DOU de 26 de janeiro de 1998, combinado ao artigo 2º da Lei nº 3.268/57, que tratam, respectivamente, da expedição de resoluções que complementem o Código de Ética Médica e do zelo pertinente à fiscalização e disciplina do ato médico;

CONSIDERANDO ser o paciente transexual portador de desvio psicológico permanente de identidade sexual, com rejeição do fenótipo e tendência à automutilação e/ou autoextermínio;

CONSIDERANDO que a cirurgia de transformação plástico-reconstrutiva da genitália externa, interna e caracteres sexuais secundários não constitui crime de mutilação previsto no artigo 129 do Código Penal brasileiro, haja vista que tem o propósito terapêutico específico de adequar a genitália ao sexo psíquico;

CONSIDERANDO a viabilidade técnica para as cirurgias de neocolpovulvoplastia e/ou neofaloplastia;

CONSIDERANDO o que dispõe o parágrafo 4º do artigo 199 da Constituição Federal, que trata da remoção de órgãos, tecidos e substâncias humanas para fins de transplante, pesquisa e tratamento, bem como o fato de que a transformação da genitália constitui a etapa mais importante no tratamento de pacientes com transexualismo;

CONSIDERANDO que o artigo 14 do Código de Ética Médica veda os procedimentos médicos proibidos em lei, e o fato de não haver lei que defina a transformação terapêutica da genitália *in anima nobili* como crime;

CONSIDERANDO que o espírito de licitude ética preten-dido visa fomentar o aperfeiçoamento de novas técnicas, bem como estimular a pesquisa cirúrgica de transformação da genitália e aprimorar os critérios de seleção;

CONSIDERANDO o que dispõe a Resolução CNS nº 196/96, publicada no

DOU de 16 de outubro de 1996;

CONSIDERANDO o estágio atual dos procedimentos de seleção e tratamento dos casos de transexualismo, com evo-lução decorrente dos critérios estabelecidos na Resolução CFM nº 1.652/02 e do trabalho das instituições ali previstas;

CONSIDERANDO o bom resultado cirúrgico, tanto do ponto de vista estético como funcional, das neocolpovul-voplastias nos casos com indicação precisa de transforma-ção do fenótipo masculino para feminino;

CONSIDERANDO as dificuldades técnicas ainda presen-tes para a obtenção de bom resultado tanto no aspecto esté-tico como funcional das neofaloplastias, mesmo nos casos com boa indicação de transformação do fenótipo feminino para masculino;

CONSIDERANDO que o diagnóstico, a indicação, as tera-pêuticas prévias, as cirurgias e o prolongado acompanha-mento pós-operatório são atos médicos em sua essência;

CONSIDERANDO o Parecer CFM nº 20/10, aprovado em 12 de agosto de 2010;

CONSIDERANDO, finalmente, o decidido na sessão ple-nária de 12 de agosto de 2010,

RESOLVE:

Art. 1º Autorizar a cirurgia de transgenitalização do tipo neocolpovulvoplastia e/ou procedimentos complementa-res sobre gônadas e caracteres sexuais secundários como tratamento dos casos de transexualismo.

Art. 2º Autorizar, ainda a título experimental, a realização de cirurgia do tipo neofaloplastia.

Art. 3º Que a definição de transexualismo obedecerá, no mínimo, aos critérios abaixo enumerados:

1) Desconforto com o sexo anatômico natural;

2) Desejo expresso de eliminar os genitais, perder as características primárias e secundárias do próprio sexo e ganhar as do sexo oposto;

3) Permanência desses distúrbios de forma contínua e consistente por, no mínimo, dois anos;

4) Ausência de outros transtornos mentais.

Art. 4º Que a seleção dos pacientes para cirurgia de transgenitalismo obedecerá a avaliação de equipe multidisciplinar constituída por médico psiquiatra, cirurgião, endocrinologista, psicólogo e assistente social, obedecendo os critérios a seguir definidos, após, no mínimo, dois anos de acompanhamento conjunte:

1) Diagnóstico médico de transgenitalismo;

2) Maior de 21 (vinte e um) anos;

3) Ausência de características físicas inapropriadas para a cirurgia.

Art 5º O tratamento do transgenitalismo deve ser realizado apenas em estabelecimentos que contemplem integralmente os pré-requisitos estabelecidos nesta resolução, bem como a equipe multidisciplinar estabelecida no artigo 4º.

§ 1º O corpo clínico destes hospitais, devidamente registrado no Conselho Regional de Medicina, deve ter em sua constituição os profissionais previstos na equipe citada no artigo 4º, aos quais caberá o diagnóstico e a indicação terapêutica.

§ 2º As equipes devem ser previstas no regimento interno dos hospitais, inclusive contando com chefe, obedecendo aos critérios regimentais para a ocupação do cargo.

§ 3º Em qualquer ocasião, a falta de um dos membros da equipe ensejará a paralisação de permissão para a execução dos tratamentos.

§ 4º Os hospitais deverão ter comissão ética constituída e funcionando dentro do previsto na legislação pertinente.

Art. 6º Deve ser praticado o consentimento livre e esclarecido.

Art. 7º Esta resolução entra em vigor na data de sua publicação, revogando-se a Resolução CFM nº 1.652/02.

Brasília-DF, 12 de agosto de 2010

ROBERTO LUIZ D'AVILA
Presidente

HENRIQUE BATISTA E SILVA
Secretário-geral

Exposição de Motivos da Resolução CFM nº 1.955/2010

Em 1994, o CRM-DF aprovou parecer da lavra do conselheiro Pablo Magalhães Chacel sobre a legalidade e eticidade da cirurgia transexual, reconhecendo que o médico executor não estaria cometendo infração ética.

Tal parecer contrariou os ditames predominantes à época, dando início à ideia de que em havendo uma padronização e regulamentação, intervir no transexual seria um ato ético, legal e de ressocialização humana.

Considerado assunto polêmico, o CFM designou uma comissão formada pelos conselheiros Júlio Cezar Meirelles e Lúcio Mário da Cruz Bulhões para organizar um debate sobre o tema. Em sessão plenária de 10/8/1995, o assunto foi amplamente discutido e ficou estabelecida a necessidade de se regulamentar e reconhecer como éticas as intervenções de transgenitalismo.

Por ocasião do I ENCM, em Salvador, em 19/3/1997, o tema foi novamente trazido à discussão, quando o plenário manifestou-se favorável ao procedimento cirúrgico, desde que apreciadas as questões legais, reconhecendo tratar-se de uma forma especial de tratamento médico.

Em 9/5/1997 foi aprovado o PC/CFM no 39/97, da lavra dos conselheiros integrantes da Comissão de Estudos sobre Transexualismo acima citados, reconhecendo que o transexualismo, sendo condição de inaceitável convivência com o sexo genético e provocadora de grave constrangimento, era merecedor de um enquadramento e tratamento adequados.

Com esses conceitos estabelecidos, foi então aprovada a Resolução CFM no 1.482/97, que autorizava, a título experimental, a realização de cirurgia de transgenitalização do tipo neocolpovulvoplastia, neofaloplastia e/ou procedimentos complementares sobre gônadas e caracteres sexuais secundários como tratamento dos casos de transexualismo. Além disso, estabelecia critérios para definir o transexualismo e para a seleção dos pacientes a serem operados, critérios esses ainda válidos. Finalmente, a resolução exigia que a intervenção fosse feita em hospitais universitários ou públicos e a necessidade de consentimento livre e esclarecido.

Em 2002, o instrumento legal foi revisto, revogado e aprovado na forma da Resolução no 1.652/02.

Esta resolução inicia autorizando a cirurgia de transgenitalização do tipo neocolpovulvoplastia e/ou procedimentos complementares sobre gônadas e caracteres sexuais secundários como tratamento dos casos de transexualismo. Entretanto, no artigo seguinte, autoriza, ainda que a título experimental, não só a neofaloplastia, mas também os procedimentos complementares sobre gônadas e caracteres sexuais secundários como tratamento dos casos de transexualismo. Ou seja, a citada norma, embora reconheça e autorize procedimentos como adenomastectomia, histerectomia, gonadectomias, etc. no artigo subsequente considera esses procedimentos como experimentais.

Esta é a polêmica: se foi reconhecido que o transexual, desde que devidamente classificado e selecionado, merece ser tratado quanto à sua incompatibilidade de conviver com o fenótipo indesejável, por que procedimentos cirúrgicos reconhecidos e usuais recebem o rótulo de experimentais?

Entendemos que a neofaloplastia, de resultados estéticos e funcionais ainda questionáveis, seja mantida como experimental. Entretanto, as intervenções sobre gônadas e

138

caracteres sexuais secundários, usuais na prática cirúrgica, são autorizadas desde que o paciente cumpra as exigências de definição e seleção exigidas.

Se em respeito à autonomia e à autodeterminação reconhecemos o direito de o paciente negar-se a ser submetido a qualquer tipo de tratamento e reconhecemos também o direito de as pessoas serem submetidas a todas as formas cabíveis de mudança corporal (próteses, lipoescultura, remodelações, etc.), por que razão não se dá esse direito ao transexual?

Seria porque não concordamos com a existência do transexualismo? Ou seria porque, inconscientemente, discriminamos esse tipo de atitude humana?

Um dos nossos deveres como médicos é estabelecer qual o tipo de tratamento é experimental ou usual, qual procedimento tem bases científicas ou não. Em relação ao paciente, entretanto, cabe-nos defender a sua capacidade decisória e o seu acesso a todas as informações necessárias. A partir daí, não vejo razão para limitarmos tratamento a determinadas pessoas.

Da mesma forma, não há razão para, quando consideramos um procedimento válido, limitarmos o local onde será feito: se em hospital público ou privado, desde que os pré-requisitos para a sua execução sejam respeitados.

Pelo exposto, sugerimos que a atual resolução que regulamenta esse tema seja reavaliada, mantendo apenas a neofaloplastia como procedimento experimental, pelas razões acima expostas. Quanto aos demais procedimentos, estão liberados desde que os critérios de seleção dos pacientes e a complexidade do estabelecimento de saúde, já estabelecidos em resoluções anteriores, sejam mantidos.

Brasília-DF, 12 de agosto de 2010

EDEVARD JOSÉ DE ARAÚJO
Conselheiro relator

Conselho Nacional de Justiça, Resolução 203, de 23 de junho de 2015

> *Dispõe sobre a reserva aos negros, no âmbito do Poder Judiciário, de 20% (vinte por cento) das vagas oferecidas nos concursos públicos para provimento de cargos efetivos e de ingresso na magistratura.*

O PRESIDENTE DO CONSELHO NACIONAL DE JUSTIÇA (CNJ), no uso de suas atribuições legais e regimentais;

CONSIDERANDO o disposto na Lei 12.990, de 9 de junho de 2014;

CONSIDERANDO o disposto no Estatuto da Igualdade Racial, Lei 12.288, de 20 de julho de 2010;

CONSIDERANDO que foi decidido pelo Supremo Tribunal Federal na ADPF 186/Distrito Federal;

CONSIDERANDO os resultados do Primeiro Censo do Poder Judiciário, realizado pelo Conselho Nacional de Justiça;

CONSIDERANDO as deliberações do plenário do CNJ nos autos do Pedido de Providencias 0002248-46.2012.2.00.0000 e do processo Comissão 0006940-88.2012.2.00.0000, na 210ª Sessão Ordinária, realizada em 9 de junho de 2015;

RESOLVE:

Art. 1º A reserva de vagas aos negros nos concursos públicos para provimentos de cargos efetivos nos órgãos do Poder Judiciário, inclusive de ingresso na magistratura, dar-se-á nos termos desta Resolução.

Art. 2º Serão reservadas aos negros o percentual mínimo de 20% (vinte por cento) das vagas oferecidas nos concursos públicos para provimento de cargos efetivos do Quadro de Pessoal dos órgãos do Poder Judiciário enumerados no art. 92, I-A, II, III, IV, V, VI e VII, da Constituição Federal e de ingresso na magistratura dos órgãos enumerados no art. 92, III, IV, VI e VII.

§ 1º A reserva de vagas de que trata o caput será aplicada sempre que o número de vagas oferecidas no concurso público for igual ou superior a 3 (três).

§ 2º Caso a aplicação do percentual estabelecido no caput resulte em número fracionado, este será elevado para o primeiro número inteiro subsequente, em caso de fração igual ou maior que 0,5 (cinco décimos), ou diminuído para o número inteiro imediatamente inferior, em caso de fração menor que 0,5 (cinco décimos).

Art. 3º Os órgãos indicados no caput do art. 2o poderão, além da reserva das vagas, instituir outros mecanismos de ação afirmativa com o objetivo de garantir o acesso de negros a cargos no Poder Judiciário, inclusive de ingresso na magistratura, bem como no preenchimento de cargos em comissão, funções comissionadas e vagas para estágio.

Art. 4º A reserva de vagas a candidatos negros constara expressamente dos editais dos concursos públicos dos órgãos do Poder Judiciário indicados no art. 2o.

Paragrafo único. Os editais de que trata o caput deverão especificar o total de vagas correspondente a reserva para cada cargo oferecido.

Art. 5º Poderão concorrer as vagas reservadas a candidatos negros aqueles que se autodeclararem pretos ou pardos, no ato da inscrição no concurso publico, conforme o quesito cor ou raga utilizado pela Fundação Instituto Brasileiro de Geografia e Estatística (IBGE).

§ 1º A autodeclaração tera validade somente para o concurso publico aberto, não podendo ser estendida a outros certames.

§ 2º Presumir-se-ão verdadeiras as informações prestadas pelo candidato no ato da inscrição do certame, sem prejuízo da apuração das responsabilidades administrativa, civil e penal na hipótese de constatação de declaração falsa.

§ 3º Comprovando-se falsa a declaração, o candidato será eliminado do concurso e, se houver sido nomeado, ficara sujeito a anulação da sua nomeação, após procedimento administrativo em que lhe sejam assegurados o contraditório e a ampla defesa, sem prejuízo de outras sanções cabíveis.

Art. 6º Os candidatos negros concorrerão concomitantemente as vagas a eles reservadas e as vagas destinadas a ampla concorrência, de acordo com a sua classificação no concurso.

§ 1º Além das vagas de que trata o caput, os candidatos negros poderão optar por concorrer as vagas reservadas a pessoas com deficiência, se atenderem a essa condição, de acordo com a sua classificação no concurso.

§ 2º Os candidatos negros aprovados dentro do número de vagas oferecido para ampla concorrência não serão computados para efeito do preenchimento das vagas reservadas a candidatos negros.

§ 3º Os candidatos negros aprovados para as vagas a eles destinadas e as reservadas as pessoas com deficiência, convocados concomitantemente para o provimento dos cargos, deverão manifestar opção por uma delas.

§ 4º Na hipótese de que trata o paragrafo anterior, caso os candidatos não se manifestem previamente, serão nomeados dentro das vagas destinadas aos negros.

§ 5º Na hipótese de o candidato aprovado tanto na condição de negro quanto na de deficiente ser convocado primeiramente para o provimento de vaga destinada a candidato negro, ou optar por esta na hipótese do § 3º, fará jus aos mesmos direitos e benefícios assegurados ao servidor com deficiência.

Art. 7º Em caso de desistência de candidato negro aprovado em vaga reservada, a vaga será preenchida pelo candidato negro posteriormente classificado.

Paragrafo único. Na hipótese de não haver candidatos negros aprovados em número suficiente para que sejam ocupadas as vagas reservadas, as vagas remanescentes serão revertidas para a ampla concorrência e serão preenchidas pelos demais candidatos aprovados, observada a ordem de classificação no concurso.

Art. 8º A nomeação dos candidatos aprovados respeitara os critérios de alternância e de proporcionalidade, que consideram a relação entre o número total de vagas e o número de vagas reservadas a candidatos com deficiência e a candidatos negros.

Art. 9º Esta Resolução entra em vigor na data de sua publicação e vigorará ate 9 de junho de 2024, término do prazo de vigência da Lei 12.990, de 9 de junho de 2014.

§ 1º Esta Resolução não se aplicará aos concursos cujos editais tiverem sido publicados antes de sua entrada em vigor.

§ 2º Em 5 (cinco) anos, contados da publicação desta Resolução, será promovida a segunda edição do censo do Poder Judiciário, oportunidade em que poderão ser revistos o percentual de vagas reservadas, bem como o prazo de vigência desta Resolução para cada ramo da Justiça, à luz dos dados coletados.

Brasília-DF, 23 de junho de 2013

MINISTRO RICARDO LEWANDOWSKI
Presidente

Este livro foi impresso na cidade de São Bernardo do Campo,
nas oficinas da Bartira Gráfica e Editora, em setembro de 2016,
para a Editora Perspectiva.